JORNADA RUMO À PLENITUDE
7 PASSOS PARA SE TORNAR UMA MULHER PLENA PARA SEMPRE

Editora Appris Ltda.
1.ª Edição - Copyright© 2023 da autora
Direitos de Edição Reservados à Editora Appris Ltda.

Nenhuma parte desta obra poderá ser utilizada indevidamente, sem estar de acordo com a Lei nº 9.610/98. Se incorreções forem encontradas, serão de exclusiva responsabilidade de seus organizadores. Foi realizado o Depósito Legal na Fundação Biblioteca Nacional, de acordo com as Leis nos 10.994, de 14/12/2004, e 12.192, de 14/01/2010.

Catalogação na Fonte
Elaborado por: Josefina A. S. Guedes
Bibliotecária CRB 9/870

C117j 2023	Cabral, Carolina Jornada rumo à plenitude : 7 passos para se tornar uma mulher plena para sempre / Carolina Cabral. - 1. ed. - Curitiba : Appris, 2023. 124 p. ; 21 cm. ISBN 978-65-250-3705-9 1. Mulheres – Conduta. 2. Mulheres – Vida religiosa. I. Título. CDD – 248.843

Appris editora

Editora e Livraria Appris Ltda.
Av. Manoel Ribas, 2265 – Mercês
Curitiba/PR – CEP: 80810-002
Tel. (41) 3156 - 4731
www.editoraappris.com.br

Printed in Brazil
Impresso no Brasil

CAROLINA CABRAL

JORNADA RUMO À PLENITUDE
7 PASSOS PARA SE TORNAR UMA MULHER PLENA PARA SEMPRE

Appris
editora

FICHA TÉCNICA

EDITORIAL
Augusto Vidal de Andrade Coelho
Sara C. de Andrade Coelho

COMITÊ EDITORIAL
Marli Caetano
Andréa Barbosa Gouveia (UFPR)
Jacques de Lima Ferreira (UP)
Marilda Aparecida Behrens (PUCPR)
Ana El Achkar (UNIVERSO/RJ)
Conrado Moreira Mendes (PUC-MG)
Eliete Correia dos Santos (UEPB)
Fabiano Santos (UERJ/IESP)
Francinete Fernandes de Sousa (UEPB)
Francisco Carlos Duarte (PUCPR)
Francisco de Assis (Fiam-Faam, SP, Brasil)
Juliana Reichert Assunção Tonelli (UEL)
Maria Aparecida Barbosa (USP)
Maria Helena Zamora (PUC-Rio)
Maria Margarida de Andrade (Umack)
Roque Ismael da Costa Güllich (UFFS)
Toni Reis (UFPR)
Valdomiro de Oliveira (UFPR)
Valério Brusamolin (IFPR)

SUPERVISOR DA PRODUÇÃO
Renata Cristina Lopes Miccelli

ASSESSORIA EDITORIAL
Nathalia Almeida

REVISÃO
Bruna Fernanda Martins
Josiana Araújo Akamine

DIAGRAMAÇÃO
Yaidiris Torres

CAPA
Fran Barreto
Lívia Costa

À minha querida tia-avó e mãe do coração, Déa Ferreira Santos, por ter me preparado com excelência para cumprir o chamado e o propósito de Deus em minha vida e por ter me inspirado a amar Jesus de todo o meu coração; e às minhas discípulas amadas: Rozângela Nascimento, Natália Padilha, Luciana Alves, Luciane Mesquita, Tamires Regina Galvão, Anabel Ester Monteiro, Edilaine Mendes, Vanessa Grams, Glaucia de Carvalho Dias, Bianca Tagashira, Emiliane Oliveira, Susane Magalhães e Thaise Cristine por me incentivarem a ser uma líder que reflete Cristo. Vocês foram minha escola, são minhas intercessoras e meu orgulho.

APRESENTAÇÃO

O ladrão vem apenas para roubar, matar e destruir;
eu vim para que tenham vida, e a tenham plenamente
(João 10:10)

Πληρότητα – PLENITUDE. Diferentemente do que o mundo prega, essa palavra não significa ausência de problemas ou uma felicidade ilusória. Plenitude vem do grego πληρόω, que significa: "Eu preencho". Foi essa a promessa que Jesus fez em João 10:10: uma vida com significado e propósito, uma alma preenchida N'Ele! Com a totalidade do amor e da alegria que só Ele pode nos conceder. Ser plena é sentir-se amada por Jesus e conseguir se amar por entender quem você é N'Ele e para Ele! Ser plena é sentir a paz que excede todo o entendimento, é saber que a sua vida não é regida pela política, economia ou religião deste mundo, mas guiada e conduzida por Ele! É ter convicção que Deus tem sempre o melhor para aqueles que o amam e o buscam!

"Sabemos que Deus age em todas as coisas para o
bem daqueles que o amam, dos que foram chamados
de acordo com o seu propósito." (Romanos 8:28)

Ser plena é saber tomar as melhores decisões, os melhores caminhos e fazer as escolhas com a sabedoria que só Deus pode nos dar. É saber como e quando falar, com quem se aliançar e como dirigir seus passos com graça e sutileza.

"Se algum de vocês tem falta de sabedoria, peça-a
a Deus, que a todos dá livremente, de boa vontade;
e lhe será concedida." (Tiago 1:5)

Muitos pais, maridos e até esposas abandonaram seus lares e suas famílias buscando a tão sonhada felicidade, por exemplo. Acreditando que o que importa na vida é perseguir todos os nossos ímpetos e paixões desenfreados sem calcular as consequências disso a médio e longo prazo. Olhe para o mundo ao seu redor e você verá que as pessoas estão cada vez mais egoístas e individualistas, passando por cima de tudo e todos na busca por felicidade. Não, definitivamente essa não é a felicidade real. Porque nada que fira os princípios por Deus constituídos podem gerar frutos de paz e alegria duradouros. O ladrão que Jesus menciona está por aí roubando, matando e destruindo, causando um caos no mundo e deixando rastros de feridas, ódio e tragédias, e quando caminhamos com Cristo estamos blindadas e protegidas na sombra das suas asas.

> "Aquele que habita no esconderijo do Altíssimo, à sombra do Onipotente descansará." (Salmos 91:1)

Há quem diga que Jesus não é real, há quem diga que isso é coisa da religião criada por homens ou que é algo ultrapassado, diante de um mundo tão evoluído. Existem ainda aqueles que até declaram crer que Jesus veio ao mundo em forma humana e morreu em uma cruz e pensam que isso já basta. Mas a Bíblia diz que até os demônios creem em Jesus e estremecem na sua presença! Muitos pensam que essa promessa só seria válida para a eternidade, quando Jesus arrebatar sua igreja, ressuscitar os mortos e nos conceder um corpo glorioso e encerrar essa era da humanidade. Mas isso não é verdade, pois já existe uma promessa clara e específica na palavra de Deus para esse tempo descrita no livro de Apocalipse, que diz:

> "Então vi um novo céu e uma nova terra, pois o primeiro céu e a primeira terra tinham passado; e o mar já não existia. Vi a cidade santa, a nova Jerusalém, que descia do céu, da parte de Deus, preparada como uma noiva adornada para o seu marido.

> Ouvi uma forte voz que vinha do trono e dizia: Agora o tabernáculo de Deus está com os homens, com os quais ele viverá. Eles serão os seus povos; o próprio Deus estará com eles e será o seu Deus. Ele enxugará dos seus olhos toda lágrima. Não haverá mais morte, nem tristeza, nem choro, nem dor, pois a antiga ordem já passou.

Aquele que estava assentado no trono disse: Estou fazendo novas todas as coisas! E acrescentou: 'Escreva isto, pois estas palavras são verdadeiras e dignas de confiança'". (Apocalipse 21:1-5)

Deus nos prometeu sim uma eternidade livre de sofrimentos ou morte, mas também se importa com a qualidade das nossas vidas terrenas porque a vida é um dom Dele! É um presente nossa existência humana, e se você não consegue ver sua vida assim, este livro não só mudará completamente sua percepção como também te ensinará como desfrutar de cada dia plenamente com a alegria, gozo e paz prometidos por Deus.

Neste livro eu quero te revelar sete chaves preciosas para que você tome posse da promessa que Jesus fez e está escrita em João 10:10. Você saberá passo a passo como viver, de fato, a vida plena e abundante que Ele nos prometeu ainda nesta existência humana! Como tomar posse de cada promessa e benção que Deus tem para sua vida!

Você pode até crer e ter recebido Jesus como senhor e salvador, mas ainda assim ter uma péssima qualidade de vida e não ter acessado as promessas contidas na Bíblia para os justos e os filhos de Deus. Existem mais de 5 mil promessas nas escrituras para nós, mas a maioria é condicional, isto é, depende de atitudes, escolhas e decisões que faremos ao longo da nossa jornada aqui na Terra. Quem sabe você frequente uma igreja há anos, mas nunca sentiu que teve um encontro íntimo e profundo com Ele. Muitas pessoas vivem na igreja, batem carteirinha em cada culto, congresso ou reunião, mas adoram o Deus da religião ou o Deus dos seus pais, mas ainda não conhecem de maneira íntima o seu Pai Celestial e Salvador! Como Jesus nos alertou, nossa peregrinação nesta Terra terá desafios e aflições, mas isso não significa que você não poderá desfrutar desse presente chamado Vida!

"Eu lhes disse essas coisas para que em mim vocês tenham paz. Neste mundo vocês terão aflições; contudo, tenham ânimo! Eu venci o mundo". (João 16:33)

Porém, como cada uma dessas aflições te afetará, dependerá mais do seu preparo emocional e fortalecimento espiritual. Por isso, se você acredita que tudo precisa ficar bem exteriormente para que você fique bem interiormente, eu preciso te dizer que isso nunca vai acontecer. Este mundo jaz no maligno, mas há um tesouro guardado para os filhos de Deus, ainda aqui nesta vida terrena. Para os que, assim como Jesus disse, estão aqui, mas não pertencem mais a este mundo.

Eu realmente creio que os cristãos deveriam ser o povo mais feliz desta Terra, porque quando Jesus se torna suficiente para nós não há mais espaço para vazios nem queixas ou lamentações. Seu estado de espírito será continuamente o da gratidão, porque quem crê que Deus é seu criador e tem um plano incrível para sua vida, confia em sua palavra e em suas promessas mesmo no meio de uma tormenta e de uma batalha. A aflição do justo tem dia e hora para terminar, mas a tormenta do ímpio nunca cessa.

Então, cara leitora, se você sente que tudo está uma bagunça, dentro e fora de você, e anseia em se tornar o que eu chamo de uma mulher Plena para Sempre, eu te convido a mergulhar nesta obra até o fim e a se permitir ser ministrada e conduzida pelo Espírito Santo de Deus a esse lugar de gozo, paz e alegria.

Creia que Ele é o maior interessado na sua felicidade e anseia te ver rompendo e fluindo no pleno potencial que Ele te criou e te formou para ser. Não desista de sonhar! Seu passado não te define, sua história ainda está em construção pelas mãos do melhor e maior arquiteto: Jesus! Capítulos tristes não definem o livro todo da sua existência. Erga sua cabeça, recomece se for preciso, mas não desista de ir em busca da REAL felicidade!

Mas antes de começarmos, vou me apresentar e testemunhar por que o conteúdo deste livro pode transformar a sua vida, assim como transformou a minha e a de milhares de mulheres que tiveram acesso a esse conhecimento. Oro para que caia por terra todo impedimento, distração e procrastinação que te impeça de ter acesso à mudança necessária para sua vida. Que cada palavra seja como uma semente penetrando no seu coração e que ele seja um solo bom e fértil, produzindo assim muitos frutos.

SUMÁRIO

INTRODUÇÃO 15

CAPÍTULO 1:
ATÉ TRANSBORDAR 23

CAPÍTULO 2:
O ELO PERFEITO 39

CAPÍTULO 3:
DERRUBANDO AS FORTALEZAS 57

CAPÍTULO 4:
RENDIÇÃO 71

CAPÍTULO 5:
RECONCILIAÇÃO 81

CAPÍTULO 6:
RESTITUIÇÃO 93

CAPÍTULO 7:
NAS MÃOS DO OLEIRO 105

CONCLUSÃO:
PLENA PARA SEMPRE 117

REFERÊNCIAS 123

INTRODUÇÃO

Nasci na cidade do Rio de Janeiro. Meu pai foi fruto de um relacionamento extraconjugal e só depois que minha avó engravidou é que descobriu que meu avô era casado. Algum tempo depois ela se casou e seu marido assumiu meu pai dando o sobrenome dele em sua certidão. Desde seus 14 anos meu pai já fugia de casa e era conhecido como a ovelha negra da família devido à sua rebeldia. Usou drogas, fumou por muitos anos e chegou até mesmo a ser preso. Minha mãe era de uma família muito humilde e eles se conheceram quando ela já tinha um filho, fruto de uma gravidez na adolescência. Meu avô paterno era alcoólatra e infelizmente não foi um bom pai e marido. Morreu assassinado e minha mãe cresceu em um ambiente de muita instabilidade, medo e insegurança. Meus pais tinham sequelas de suas vidas e criações. Dos abandonos que sofreram, dos traumas que viveram... as escolhas e atitudes ruins ao longo da vida não permitiram a eles uma segurança e estabilidade financeira na fase adulta. E tudo piorou quando o diagnóstico do câncer de pulmão do meu pai foi revelado. Isso alterou nossos destinos completamente. Naquela época, a Medicina não tinha muitos recursos e o câncer dele já estava bem avançado, por isso ele sabia que não teria cura e só poderia esperar o dia da sua morte. Pensando no meu futuro e no das minhas duas irmãs, ele decidiu nos entregar para suas tias (irmãs da minha avó paterna) para que nos criassem e pudéssemos ter estudo, saúde e moradia de qualidade. Todos me perguntam como minha mãe conseguiu nos entregar e concordar com aquilo, e eu sei hoje que era para se cumprir o propósito de Deus em minha vida. Claro que ela acreditou que continuaria tendo acesso livre para nos visitar e acompanhar nosso crescimento, mas não foi bem assim que as coisas aconteceram...

Eu e minha irmã mais velha fomos morar com minha tia-avó quando tínhamos 3 e 7 anos de idade, respectivamente, e nossa irmã mais nova, de apenas 1 ano de idade, ficou em uma cidade vizinha com outra tia. Eu ainda mamava no peito e era extremamente apegada à minha mãe, como toda criança nessa idade deveria ser, e por isso não aceitei bem a mudança o que ocasionou muitos problemas durante anos no meu relacionamento e convivência com minha tia. Lembro-me perfeitamente do dia que o telefone tocou e recebemos a pior notícia que um filho pode receber: o falecimento do meu pai. Apesar da minha pouca idade (tinha 3 anos e 9 meses), seus últimos momentos de vida me marcaram tanto que eu guardei alguns na memória. Era como se eu soubesse que ele estava partindo... Cheguei a ir em algumas visitas no hospital com minha mãe e, às vezes, o visitava na casa do meu tio onde ele ficou até o dia da sua morte. Fico recordando nossas brincadeiras, o sorriso dele, a mania de comer a comida na panela e não em um prato, como uma pessoa normal. Ele era o meu herói, como todo pai deveria ser para sua garotinha. Não consigo explicar como posso amar tanto alguém que convivi tão pouco e que colecionei tão poucas memórias, mas ele era tudo para mim.

Minha tia já era idosa e sofria os primeiros sintomas da esclerose múltipla que a assolou até a morte e isso enlouquecia a mim e a minha irmã que morava comigo, pois ela oscilava demais de humor e suas atitudes às vezes beiravam a loucura. Fomos criadas sob um sistema de educação extremamente rígido. Ela não era boa em expressar sentimentos como eu gostaria e necessitava desesperadamente, e isso não só nos afastou ainda mais, como me causou uma carência afetiva enorme. Colhi frutos muito amargos ao iniciar minha vida amorosa por causa disso. Enquanto crescia, sempre me sentia deslocada, inadequada, como se não pertencesse àquela família e nem a lugar algum. Víamos nossa mãe uma ou duas vezes por ano e somente das nove da manhã até às seis horas da tarde. Quando ela vinha nos visitar, íamos até o subúrbio do Rio ver minha avó materna, meus tios e tias, primos e meus outros irmãos que ela teve do segundo casamento. Eram momentos carregados de emoção e toda despedida era marcada por lágrimas que pareciam não ter fim. Nunca podíamos sequer passar uma noite com ela. Lembro-me como se fosse hoje do único dia que não aceitei voltar de jeito nenhum para casa e dormi agarrada com minha mãe pela primeira vez depois de muitos anos. Como o acordo de guarda era judicial, minha tia tinha plenos poderes para chamar a polícia, caso minha mãe não cumprisse com o determinado. Então ao amanhecer daquele dia, o medo das consequências fez com que ela me levasse de volta. Ainda consigo sentir a emoção do momento em que chorava abraçada a ela, implorando para que não me entregasse novamente.

Não conseguia ver minha tia como alguém que estava nos ajudando, pois, para uma menina de 3 anos que é arrancada da mãe, separada dos irmãos e perde o pai, ela era a bruxa má da história e ponto-final. Acabei a odiando por muitos anos. Graças a Deus tive a chance de recompensá-la ao cuidar dela nos últimos anos de sua vida, mas ainda lamento profundamente por isso. Cresci nutrindo sentimentos de raiva, mágoa, tristeza e muita, mas muita saudade do meu pai, da minha mãe, dos meus irmãos e de uma vida em família que eu não tinha. Foram anos de muitas contendas, confusões e muita revolta. Eu chorava quase todos os dias e quase todas as noites, dormia em meio às lágrimas. O luto tardio e prolongado me levou a uma depressão e isso me fazia desejar a morte. Tentei suicídio duas vezes. Eu gritava com Deus! Em algumas fases eu pensava que Ele não existia e que, se existisse, definitivamente Ele não ligava a mínima para mim.

Outro martírio que precisei enfrentar foi minha vida estudantil. Por ser muito baixa (tenho 1,57m de altura), sofri muito *bullying* e não tinha ninguém para compartilhar o que estava acontecendo na escola por não ter um diálogo aberto em casa. Lembro-me de ficar observando a cena dos pais das minhas amigas chegando para buscá-las ao final da aula e chegar a invejar o abraço e beijo que recebiam de suas mães. Meu sonho naquela época era ter alguém me esperando assim de braços abertos na saída da escola e me perguntando como foi meu dia...

Mas apesar dos fatos negativos nem tudo foi ruim. Minha tia era uma mulher de muitos valores e de um caráter ímpar. Tínhamos um culto toda segunda-feira em casa e ela nos ensinava a Bíblia. Tive muitos exemplos maravilhosos por meio da vida dela, a maioria só reconheci muitos anos depois. Ela me apresentou Jesus, mas eu ainda não estava pronta para recebê-lo. Creio que tudo, absolutamente tudo, coopera para o nosso bem e o que foi algo tão confuso e difícil de lidar por anos para mim era o plano de Deus se cumprindo em minha vida. Eu precisava ser criada por ela. Tinha que ser ela! Eu não estaria aqui agora escrevendo este livro se não tivesse sido ela. Tive a melhor educação dentro e fora de casa. Apesar de ter sofrido muito na escola por causa do *bullying* e da comparação ao ver as outras crianças com suas famílias "normais", eu tive a formação que precisava para desenvolver meus dons e talentos. A paixão por leitura e consequentemente pela escrita foi a princípio imposta por minha tia, mas passado o tempo surtiu um efeito mágico sobre mim. A religião, as doutrinas e tradições também eram algo muito forte na minha casa e minha tia se considerava ecumênica, por isso conheci um pouco de tudo: catolicismo, espiritismo, umbanda, candomblé... mas nunca tinha pisado em uma igreja evangélica.

Minha tia havia largado seu emprego estável e seguro como concursada da Polícia Federal no Distrito Federal para viver 100% o chamado de Deus. Subia morros e favelas levando cestas básicas, ceias de Natal, roupas etc. Trabalhava em sopões, ensinava a Bíblia e todo tipo de coisa que um cristão deveria fazer. Cresci visitando orfanatos e asilos e aprendi desde muito nova a doar minhas roupas, sapatos e sempre ajudar os mais necessitados. Sou profundamente grata a ela por isso. Ela imprimiu em mim o caráter de Cristo e dinheiro nenhum no mundo poderia pagar esse presente.

Não fui uma boa filha. Não a honrei por muitos anos. Mentia, matava aula e muitas outras besteiras de um típico aborrecente que não entende o princípio da obediência e honra. Admito que ver ela enlouquecida com meu comportamento naquela época era quase que um prazer e por isso sou testemunha viva do quanto mudamos depois que o Espírito Santo entra em nossas vidas.

Jesus me visitou de forma arrebatadora pela primeira vez em um dos cultos que eu frequentava aos sábados no templo da Religião de Deus. Eu tinha 15 anos de idade nessa época e para mim essa sempre será a maior evidência de que Jesus está acima de qualquer religião. Ele vai até onde você está! Seja no templo ou na boca de fumo. Se Ele tiver um encontro marcado com alguém, nada nem ninguém poderá impedi-lo. Ele te chama do jeito que você está, mas te ama o suficiente para te aperfeiçoar. Nunca conseguiria expressar em palavras o que eu senti naquele dia e nos dias que se passaram. Abri meu coração para Ele e comecei a sentir uma paz que eu jamais havia experimentado. Minha mente e emoções eram sempre tão confusas e perturbadoras que eu nem sabia mais quem eu era e por que ou para que eu tinha nascido. Mas desde aquele dia, algo mudou dentro de mim. E mudou para melhor. Infelizmente a vida me pregou uma peça e eu precisei mudar para outra cidade e isso me afastou daqueles cultos e do relacionamento que eu tinha começado a construir com Jesus. Fui morar com minha mãe quando tinha quase 17 anos quando minha tia descobriu que eu estava namorando, e por não saber lidar com aquilo (ela nunca se casou) e ter medo do que poderia acontecer comigo, preferiu me entregar de volta para minha mãe.

Você deve estar pensando que foi a melhor coisa que me aconteceu, já que finalmente eu estava com minha mãe de novo. Eu sonhei por tantos anos com aquele dia, e quando chegou, percebi bem rápido que nada era como tinha imaginado e idealizado. Cheguei na cidade que minha mãe morava no pior momento. Ela estava com depressão pela perda da minha vó e estava separada do meu padrasto. Como ele era o provedor da casa, ela e meus irmãos estavam passando necessidades extremas. Vivi momentos difíceis até passar no vestibular da faculdade de Direito e ir morar em uma cidade próxima. Só ia para casa em alguns finais de semana. Embora minha mãe tivesse se reconciliado com meu padrasto e até estivesse melhor da depressão, ainda tínhamos muitos problemas em casa.

No segundo ano da faculdade de Direito, uma vizinha de república me convidou para ir a uma igreja evangélica. Aceitei o convite e no momento do apelo para aceitar Jesus eu levantei a mão em êxtase. Desde aquele dia comecei a frequentar a igreja, mas nem por isso vivi de fato a conversão. Foi nessa época também que descobri um nódulo já bem grande no meu seio esquerdo e precisei passar por uma cirurgia. Estava completamente sozinha naquela cidade e passar por tudo aquilo me consumiu tanto emocional e mentalmente que retrocedi e fiquei deprimida de novo. Não via mais sentido na faculdade e em nada na vida. Acabei trancando a matrícula na metade do curso por falta de inteligência emocional. Mudei mais uma vez de cidade e algum tempo depois conheci o pai da minha filha, e com quatro meses apenas de relacionamento com ele, descobri que estava grávida.

Fui mãe pela primeira vez aos 20 anos e o relacionamento não deu certo. Foram os tempos mais sombrios e as dores mais profundas na minha alma. Senti a dor da traição e do abandono várias vezes. Ser mãe solo não é fácil, ainda mais porque me sentia culpada por não ter conseguido dar à minha filha a família que eu também não tive e que tanto me fez falta. A sensação de fracasso e impotência me consumia e eu só chorava e me rasgava aos pés do Senhor para encontrar forças para continuar a caminhada. Eu não entendia o que estava acontecendo em minha vida e só conseguia pensar que havia algo de muito errado comigo. Acreditava que nunca seria feliz de verdade. Todos sempre me decepcionavam, me traíam e me machucavam. Por outro lado, ser mãe me deu uma força sobrenatural e me posicionei em Deus. Voltei para a igreja e buscava o Senhor diariamente no secreto. Eu queria que minha filha fosse criada nos caminhos corretos. Que tivesse sempre Deus em sua vida. Que Jesus cuidasse dela e a fizesse se sentir sempre em paz e protegida. Foram alguns anos extremamente difíceis, mas até hoje eu sinto falta dos meus tempos a sós com Deus carregados de amor e entrega. Deus nos sustentou e cuidou de nós nos mínimos detalhes. Não entendemos a dor quando ela nos atravessa a alma, mas com certeza nos tornamos pessoas mais fortes, maduras e sábias após esses períodos. No vale mais sombrio eu vivi as experiências mais incríveis com Deus. Ele falava comigo como nunca tinha ouvido. Posso dizer que viver o sobrenatural de Deus não é algo confortável à nossa carne, mas ao nosso espírito é algo único e transformador. Quando não se tem mais nada nem ninguém e o chão se abre sob seus pés e você consegue não só se manter de pé, mas também dar a volta por cima, é quando vai entender o poder de Deus em sua vida. Muita coisa aconteceu durante esse tempo e pretendo compartilhar a fundo cada uma das experiências que tive com Deus durante esse período em outro livro, mas posso afirmar que minhas orações regadas por lágrimas moveram o coração de Deus e Ele mudou a minha história e a da minha filha. Somente aos meus 26 anos alcancei a maturidade espiritual. Entendi finalmente porque minha vida era aquela bagunça. Compreendi como tinha chegado no fundo do poço e decidi viver as promessas de Deus para mim. TODAS as que Ele tivesse disponíveis. Percorri todos os passos que hoje compartilho com você neste livro e hoje posso afirmar que sou curada de todas as minhas feridas e fui preenchida totalmente pelo amor de Jesus. Casei-me aos 28 anos, sou mãe de um casal e construímos um lar e uma família que sempre sonhei, e que são as coisas de que mais me orgulho. Não somos perfeitos, mas temos convicção de que casamento é para sempre e lutamos todos os dias para permanecer unidos e fiéis à aliança que fizemos um ao outro diante de Deus. Atendi o chamado do Senhor e caminho rumo ao destino profético que Deus planejou para mim e nada me faz sentir mais completa do que servir a Ele! Uma vida com significado, com propósito.

Ele me curou de todas as raízes de rejeição, da comparação, da inadequação e tantas outras coisas que foram plantadas no decorrer da minha vida. Ele me restituiu de tudo que o ladrão roubou, matou e destruiu em minha vida e me mostrou o quão é magnífico viver a

Plenitude que Ele morreu para me dar. Se eu escrevesse tudo o que Deus fez nos últimos anos por mim e por minha família não caberia em um único livro. Gosto da brincadeira de uma pastora muito conhecida que usa o termo "queridinhas de Jesus" para mostrar o estilo de vida das mulheres que amam a Deus e são cuidadas por Ele. Posso afirmar sem medo de errar que hoje sou uma mulher plena porque tenho paz interior e sou livre das prisões mentais, emocionais e espirituais que me torturaram por muitos anos, e sei que só comecei a viver as promessas de Deus para minha vida e da minha família. Eu sei que Deus não faz acepção de pessoas e por isso sei que se você quiser poderá viver também uma grande transformação na sua vida. Apenas alguns anos se passaram desde a descoberta do que de fato me atrapalhava a viver uma vida plena, e tanta coisa já melhorou... tantas bênçãos derramadas... mas isso custou um preço e precisei fazer algumas coisas e tomar decisões, e é justamente isso que te conto neste livro, para que você também comece a desfrutar muito em breve o favor de Deus sobre você e os seus. Prepare-se! A sua Jornada rumo à plenitude está começando agora!

CAPÍTULO 1:
ATÉ TRANSBORDAR

> No último e mais importante dia da festa, Jesus levantou-se e disse em alta voz: "Se alguém tem sede, venha a mim e beba. Quem crer em mim, como diz a Escritura, do seu interior fluirão rios de água viva.
>
> (João 7:37-38)

O que você me diria se eu te perguntasse o que te impede de alcançar a Plenitude a que João 10:10 se refere? Será que você responderia coisas como: ter paz ou ter mais dinheiro, casar-se (caso seja solteira), ter seu casamento restaurado (caso seja casada) ou ter uma carreira de sucesso? Se Deus te perguntasse agora o que te falta para ser feliz e prometesse te conceder isso imediatamente, o que você pediria a Ele? O que falta, aos seus olhos, para se sentir uma mulher plena e satisfeita? A maioria das pessoas no mundo acredita que serão mais felizes e completas quando encontrarem o amor verdadeiro ou quando tiverem filhos ou até mesmo se tiverem muito dinheiro ou poder. O fato é que nenhuma dessas coisas ou itens dessa lista é a resposta para sua felicidade. A satisfação plena não vem por meio de coisas ou pessoas que nos relacionamos e muito menos do que temos, possuímos ou fazemos.

Como contei no meu testemunho, experimentei diversas dores, como abandono, rejeição, *bullying*, vazios existenciais, depressão, luto, tentativa de suicídio e carência afetiva. Tive uma vida sentimental destruída, fui mãe solteira, enfrentei diversas crises de identidade e baixa autoestima. Também vivi épocas de extrema escassez financeira e talvez você não tenha passado por tudo o que eu passei ou talvez tenha passado por coisas muito piores. Naquela época eu poderia jurar que se tivesse minha tão sonhada família, com meu príncipe encantado e uma vida financeira estável, todos os meus problemas estariam resolvidos. Mas permita-me te provar por que isso nunca seria verdade. A questão é que cada evento doloroso ou traumático em nossas vidas causa marcas e feridas em nossas almas e é impossível viver uma vida plena ignorando os fatos, jogando tudo para debaixo do tapete e acreditando que o tempo cura tudo. Não, o tempo não cura nada! Mas Deus sim é capaz de curar cada ferida e cada marca que a vida nos causou. Ele é especialista nisso! Permita-se visitar emoções um tanto quanto desconfortáveis. Às vezes é preciso doer muito, para não doer nunca mais. Talvez agora você esteja entrando em negação e dizendo a si mesma que isso não é para você, que se sente perfeitamente bem e resolvida com seu passado ou com seu presente e que é desnecessário cutucar essas feridas, e eu respeito e honro sua decisão seja ela qual for, mas oro para que o Espírito Santo de Deus te revista agora de coragem e ousadia para enfrentar tudo o que for necessário para cura e libertação de toda e qualquer amarra que tem impedido você de ser feliz e viver a vida que Deus sonhou para você.

> "Olho nenhum viu, ouvido nenhum ouviu, mente nenhuma imaginou o que Deus preparou para aqueles que o amam."

(I Coríntios 2:9)

Mentoreei e discipulei nos últimos anos muitas mulheres, que assim como eu apresentavam comportamentos e resultados em comum nas suas vidas. E posso afirmar que se você é uma pessoa:

- Carente ou dependente emocionalmente (que vive ou viveu relacionamentos abusivos ou de fachada, que se apega e se apaixona rápido demais, que acumula uma série de decepções na vida sentimental ou que sente que não consegue ser feliz sozinha);
- Que busca sempre a aprovação e valorização das pessoas (não consegue ver beleza no que faz e em quem é. Depende sempre de elogios e palavras de afirmação para se sentir bem e confiante);
- Ciumenta, controladora e possessiva (em níveis extremos);
- Com baixa autoestima (uma visão pobre de si mesma, não sabe reconhecer o seu valor, aceita migalhas de amor e atenção, tolera humilhações e todo tipo de relacionamento tóxico e destrutivo, autoabandono, pois não se cuida, prioriza tudo e todos, mas não tem tempo para si e nem para seus sonhos e objetivos);
- Compulsiva (comida, compras, remédios, vaidade, vícios em excesso);
- Que é torturada pela culpa (pelos seus erros do passado);
- Que tem complexo de inferioridade;
- Que é amarga e ressentida;
- Crítica de si mesma e dos outros;
- Medrosa (medos irracionais de todos os tipos);
- Que vive na defensiva ou é muito dura consigo e com os outros;
- Com muita dificuldade em confiar nas pessoas;
- Que tenta mostrar para as pessoas o que não é por medo da rejeição;
- Tem muita dificuldade em dizer não;
- É perfeccionista ou extremamente desorganizada;
- É uma pessoa extremamente nervosa, estressada ou vive mal-humorada;

- Extremamente competitiva;
- Que se compara muito com os outros;
- Rebelde (difícil de cumprir regras e de se submeter);
- Você é uma pessoa que possui feridas não tratadas!

Mesmo que não tenha todos esses sintomas, mas alguns deles. E é exatamente por isso que enquanto não nos curarmos e não formos totalmente preenchidas, nunca conseguiremos ser, ter ou fazer mais nada direito. Imagine como seria um casamento com uma mulher com todos esses sintomas ou a maioria deles. Seria trágico! Como seria possível ser próspera financeiramente se suas emoções sempre buscassem a compensação para suas dores em compras, por exemplo? Como viver a liberdade em Cristo se por medo das pessoas te abandonarem você nunca consegue dizer não? Esses são só alguns exemplos de por que existem tantas mulheres frustradas e infelizes. As pessoas buscam a felicidade no lugar e do jeito errado. Primeiro porque elas acham que precisam ter ou fazer, antes de ser! Sendo que só quando você é consegue manter e desfrutar com sabedoria o que conquistou. E eu estou aqui para te ajudar a resolver isso, amém? Uma vida plena começa com uma mente de CRISTO. Feridas abertas apodrecem. Feridas precisam ser cicatrizadas.

> "[...] quem conheceu a mente do Senhor para que possa instruí-lo? Nós, porém, temos a mente de Cristo." (1 Coríntios 2:16)

É importante que você saiba que temos um inimigo comum que trabalha arduamente para destruir a minha e a sua vida porque tudo o que Ele mais quer é atingir o nosso criador, o nosso Pai, mas como não consegue, ataca-nos. Satanás é o inimigo mais perverso e mais cruel que temos.

> "O ladrão vem para roubar, matar e destruir [...]." (João 10:10)

Depois de sua queda, sua natureza consiste basicamente em rebelião e rejeição. Rebelião porque tudo o que Ele faz é se rebelar contra os princípios de Deus e rejeição porque perdeu o amor e o acesso ao seu criador. Ele foi rejeitado por Deus desde quando quis ser Deus! Por isso, desde o ventre da sua mãe ele lança dardos inflamados para que você cresça se sentindo como ele: uma rejeitada! Ele também quer que você viva agindo como ele: rebelando-se contra os mandamentos e os princípios por Deus estabelecidos.

> "Filho do homem, erga um lamento a respeito do rei de Tiro e diga-lhe: 'Assim diz o Soberano Senhor: Você era o modelo de perfeição, cheio de sabedoria e de perfeita beleza. Você estava no Éden, no jardim de Deus; todas as pedras preciosas o enfeitavam: sárdio, topázio e diamante, berilo, ônix e jaspe, safira, carbúnculo e esmeralda. Seus engastes e guarnições eram feitos de ouro; tudo foi preparado no dia em que você foi criado. Você foi ungido como um querubim guardião, pois para isso eu o determinei. Você estava no monte santo de Deus e caminhava entre as pedras fulgurantes. Você era inculpável em seus caminhos desde o dia em que foi criado até que se achou maldade em você. Por meio do seu amplo comércio, você encheu-se de violência e pecou. Por isso eu o lancei em desgraça para longe do monte de Deus, e eu o expulsei, ó querubim guardião, do meio das pedras fulgurantes. Seu coração tornou-se orgulhoso por causa da sua beleza, e você corrompeu a sua sabedoria por causa do seu esplendor. Por isso eu o atirei à terra; fiz de você um espetáculo para os reis. Por meio dos seus muitos pecados e do seu comércio desonesto você profanou os seus santuários. Por isso fiz sair de você um fogo, que o consumiu, e eu reduzi você a cinzas no chão, à vista de todos os que estavam observando.
>
> Todas as nações que o conheciam ficaram chocadas ao vê-la; chegou o seu terrível fim, você não mais existirá." (Ezequiel 28:12-19)

Foi assim que Lúcifer, o querubim guardião, o modelo de perfeição, corrompeu seu coração e contaminou a terça parte dos anjos se transformando no diabo com seus demônios espalhados por toda a Terra buscando tragar o maior número de pessoas que pudesse. Nessa passagem descrita em Ezequiel fica claro sua queda e derrota e a sentença que o aguarda. Sim, ele é nosso inimigo, mas é um inimigo derrotado, pois Deus já decretou o seu extermínio.

Lembra que contei no meu testemunho que por muitos anos culpei a Deus por tudo de ruim que me acontecia?! Mas só muito tempo depois descobri que nunca foi culpa D'Ele... Todo o mal que te aconteceu não foram obras de Deus, e sim do diabo agindo por trás das pessoas que ele consegue influenciar e usar para cumprir seus planos diabólicos para nossas vidas. É claro que ele sempre vai buscar usar as pessoas mais próximas a você, as que você mais ama ou mais confia. Ele sabe que isso realmente te atingiria e assim te tornaria uma pessoa amargurada e ressentida. Você pode ter sido vítima de traumas cometidos por pessoas totalmente usadas por ele e isso pode ter destruído você desde então, mas saiba que isso não é o seu fim! Uma guerra só pode ser vencida quando conhecemos bem nosso inimigo, seus poderes e definimos as armas e estratégias para contra-atacar. Deus nos concedeu essas armas e está tudo escrito na Bíblia, o nosso manual de vida!

Cada um dos sintomas mencionados anteriormente é proveniente de eventos dolorosos ou até traumáticos em nossas vidas, e para que você entenda como adquiriu essas marcas ou resultados preciso listar algumas possibilidades que justificam o comportamento que você vem refletindo consigo mesma e com os outros à sua volta. Porque, cara leitora, você não nasceu assim e definitivamente isso não te faz bem algum. Pelo contrário, entender a origem, a causa desses sintomas, te libertará nessa jornada para ser plena e satisfeita como é a vontade de Deus para nós. Essa lista é apenas um norte para que você saiba que está carregando excesso de bagagens desnecessárias. Um fardo que tem te impedido de voar. O passado não te define e eu vou te provar isso, mas antes veja se você identifica algum ou alguns desses fatos em sua vida:

- Gravidez indesejada ou tentativa de aborto (quando um dos pais ou ambos não desejaram a gestação ou se houve tentativa de interromper).
- Sexo do bebê diferente do desejo de um dos pais ou ambos (pais ou um deles queria um menino e nasceu uma menina, e vice-versa).
- Comparações com outros irmãos ou pessoas (você cresceu ouvindo um dos pais ou ambos comparando suas atitudes sempre com de outra pessoa em tom depreciativo).
- Deficiência de qualquer tipo (mulheres que nasceram com um tipo de deficiência, seja física ou intelectual).
- *Bullying* (prática de atos de violência física ou psicológica, intencionais e repetidos, cometidos por um ou mais agressores).
- Adoção ou orfandade (mesmo quando adotada por pessoas maravilhosas, não anula o que os pais biológicos fizeram).
- Abandono, divórcios.
- Morte dos pais ou de um deles.
- Abusos (verbais, sexuais e psicológicos).
- Pais com dependência química.
- Ausência ou frieza paterna ou materna.
- Separação dos pais (na infância ou adolescência).
- Lares desestruturados e cheios de conflitos.
- Traições/infidelidades.

É muito importante que você entenda que Deus não arquiteta nenhum sofrimento, ainda que Ele aproveite tudo e tenha o poder de transformar mal em bem, maldição em benção. Satanás tem planos para você, tem planos para mim. A diferença é que a partir de hoje eu creio que esses planos serão frustrados e você só viverá o melhor de Deus para a sua vida. Para isso, você precisa entender que nossa luta nunca foi e nunca será contra os seres humanos e sim contra quem age por trás dessas pessoas para lançar dardos inflamados e setas de rejeição em nossas vidas.

> "[...] pois a nossa luta não é contra seres humanos, mas contra os poderes e autoridades, contra os dominadores deste mundo de trevas, contra as forças espirituais do mal nas regiões celestiais."
> (Efésios 6:12)

Quanto mais distante de Deus, quanto mais ferida, mais é gerada uma espécie de vazio em nós, e quando não sabemos lidar ou ignoramos o mal que isso nos causa, começamos a buscar subterfúgios para mascarar a nossa angústia. É o que eu chamo de tentativas de preenchimento desse vazio com excesso de: comida, compras, relacionamentos e parceiros, redes sociais, séries, jogos, bebidas, cigarro, drogas, remédios, trabalho, pornografia etc.

> Todo excesso esconde uma falta.

É uma bola de neve. Ele te fere por intermédio de alguém, você culpa a Deus, afasta-se Dele ou simplesmente não acredita na sua existência e é gerado assim um vazio. Para tentar aliviar a dor das feridas e o abismo em sua alma, sem perceber, você se torna uma pessoa consumista, o que pode te levar a enormes dívidas e complicações financeiras. Ou quem sabe começa a comer compulsivamente e entra para a estatística de pessoas obesas, hipertensas etc. Talvez você seja uma pessoa como eu no passado, que já teve vários relacionamentos frustrados, que não consegue ficar sozinha muito tempo, que se apega e se apaixona rápido demais ou que aceita migalhas de amor e atenção dentro de uma relação. Quem sabe, até, você seja uma pessoa viciada em drogas, álcool, cigarros ou remédios controlados, prejudicando sua saúde, além da sua vida familiar, financeira, profissional e espiritual. Talvez você esteja como um "zumbi" perdendo horas e mais horas do seu dia e finais de semana em redes sociais, WhatsApp, joguinhos e séries. Ou será que você se tornou uma pessoa *workaholic*, viciada em trabalho, sem tempo para mais nada, ou quem sabe a vaidade te dominou a ponto de ficar escrava da ilusão de ter um corpo perfeito e uma beleza estonteante.

Essa com certeza não é a Plenitude que Jesus deseja que você viva e desfrute e eu posso te garantir que você merece e pode ter mais da vida. Espero que com esses exemplos você tenha entendido como os eventos dolorosos da sua vida e principalmente da sua infância e adolescência podem ter afetado você, mas nenhuma dessas tentativas de preenchimento é a resposta. Nada disso resolve o problema! Nada disso é a solução! Agindo assim você só arrumará mais problemas para a sua vida. Ignorar a existência e influência maligna no mundo jamais te ajudará a vencer as batalhas da jornada terrena.

Eu disse que te provaria que o seu passado não te define e que Deus quer gerar a partir da sua cura e libertação o antídoto para salvar muitas outras vidas. O veneno da cobra pode te matar, mas quando usado para outra finalidade ele serve para salvar vidas. A serpente (Satanás) pode ter te picado muitas vezes e ter te ferido, mas cabe a você, agora, escolher transformar esse veneno em antídoto e derramar cura sobre outras pessoas que passam ou passaram pelo mesmo que você, mas ainda não superaram e estão a ponto de morrer afogadas em suas dores e problemas causados pelas consequências desses eventos.

Saiba que a Bíblia está cheia de exemplos de homens e mulheres de Deus que também sofreram rejeições, mas o desfecho de suas histórias foi admirável e seus testemunhos servem para edificar nossas vidas há milhares de anos. Começando por Jesus, que foi rejeitado pelos seus (os judeus), vemos Jacó e Esaú sofrendo pelo favoritismo de seus pais. Rebeca preferia Jacó e Isaque preferia Esaú. Um pouco mais tarde Jacó comete o mesmo erro que seus pais quando eleva José a todos os outros filhos causando ódio entre os irmãos e todo o resto que aconteceu a José por causa disso. Davi também foi rejeitado pelo próprio pai quando nem sequer foi cogitado a ser ungido por Samuel e por seus irmãos, Moisés foi condenado a morte quando nasceu e mais tarde foi rejeitado pelo seu povo hebreu, dentre outros casos descritos na palavra de Deus. A estratégia de Satanás é antiga, mas Deus sempre interviu e o que era para morte, Ele transformava em vida.

Em João 4, a Bíblia relata a história da mulher samaritana. Uma mulher que era rejeitada pela sociedade da época porque já tinha se casado cinco vezes e vivia com um sexto homem que nem mesmo era seu marido. Até que um dia Jesus resolve passar por Samaria mesmo sendo judeu e sabendo que o seu povo sequer podia falar e muito menos tocar nos samaritanos para não se contaminar e ficar impuro. Mas Jesus foi mesmo assim. Foi até ela! E a encontrou ao meio dia, com o sol a pino, buscando água para beber, pois não conseguia ir de manhã cedo ao poço por não suportar os olhares e comentários acusadores e preconceituosos das pessoas.

"Assim, chegou a uma cidade de Samaria, chamada Sicar, perto das terras que Jacó dera a seu filho José. Havia ali o poço de Jacó. Jesus, cansado da viagem, sentou-se à beira do poço. Isto se deu por volta do meio-dia. Nisso veio uma mulher samaritana tirar água. Disse-lhe Jesus: Dê-me um pouco de água. (Os seus discípulos tinham ido à cidade comprar comida.) A mulher samaritana lhe perguntou: Como o senhor, sendo judeu, pede a mim, uma samaritana, água para beber? (Pois os judeus não se dão bem com os samaritanos.) Jesus lhe respondeu: Se você conhecesse o dom de Deus e quem lhe está pedindo água, você lhe teria pedido e ele lhe teria dado água viva. Disse a mulher: O senhor não tem com que tirar a água, e o poço é fundo. Onde pode conseguir essa água viva? Acaso o senhor é maior do que o nosso pai Jacó, que nos deu o poço, do qual ele mesmo bebeu, bem como seus filhos e seu gado? Jesus respondeu: Quem beber desta água terá sede outra vez, mas quem beber da água que eu lhe der nunca mais terá sede. Pelo contrário, a água que eu lhe der se tornará nele uma fonte de água a jorrar para a vida eterna. A mulher lhe disse: Senhor, dê-me dessa água, para que eu não tenha mais sede, nem precise voltar aqui para tirar água. Ele lhe disse: Vá, chame o seu marido e volte. Não tenho marido, respondeu ela. Disse-lhe Jesus: Você falou corretamente, dizendo que não tem marido. O fato é que você já teve cinco; e o homem com quem agora vive não é seu marido. O que você acabou de dizer é verdade. Disse a mulher: Senhor, vejo que é profeta. Nossos antepassados adoraram neste monte, mas vocês, judeus, dizem que Jerusalém é o lugar onde se deve adorar Jesus declarou: Creia em mim, mulher: está próxima a hora em que vocês não adorarão o Pai nem neste monte, nem em Jerusalém. Vocês, samaritanos, adoram o que não conhecem; nós adoramos o que conhecemos, pois a salvação vem dos judeus. No entanto, está chegando a hora, e de fato já chegou, em que os verdadeiros adoradores adorarão o Pai em espírito e em verdade. São estes os adoradores que o Pai procura. Deus é espírito, e é necessário que os seus adoradores o adorem em espírito e em verdade. Disse a mulher: Eu sei que o Messias (chamado Cristo) está para vir. Quando ele vier, explicará tudo para nós. Então Jesus declarou:

Eu sou o Messias! Eu, que estou falando com você."
(João 4:5-26)

Ficou claro para mim quando li essa passagem que era um exemplo clássico de uma mulher carente e ferida emocionalmente. Enquanto eu lia essa história pela primeira vez com atenção, o Espírito Santo me revelou: essa mulher era você! Você consegue perceber uma enorme carência na vida dessa mulher que já estava em seu sexto relacionamento? Talvez você esteja se identificando com essa mulher também... Apesar de Jesus ainda não ter revelado claramente a ninguém que Ele era o Cristo, revelou-se a Ela! Ele escolheu aquela mulher, uma rejeitada, para ser a primeira a saber que Ele era o Messias, enviado por Deus para a salvação do mundo. Quanto amor! Que forma incrível Ele tem de demonstrar seu amor por nós. Enquanto Jesus buscava um meio de fazê-la compreender que seu problema não era a sede física ou o fato de ter que ir todos os dias buscar água no poço, Ele nos revelou o que realmente preenche os nossos vazios, o que preenche as nossas faltas, o que cura nossas feridas, o que sara a nossa dor:

> "Jesus respondeu: Quem beber desta água terá sede outra vez, mas quem beber da água que Eu lhe der nunca mais terá sede. Pelo contrário, a água que eu lhe der se tornará nele uma fonte de água a jorrar para a vida eterna." (João 4:13;14)

"E Jesus lhes disse: Eu sou o pão da vida; aquele que vem a mim não terá fome, e quem crê em mim nunca terá sede." (João 6:35)

Não há outro remédio, não há outra solução. Ele é o caminho, a verdade e a vida! A Plenitude está N'Ele e só pode ser alcançada por meio D'Ele. Por isso é vital que você comece a desenvolver um relacionamento íntimo a partir de hoje e permita que Ele derrube os muros de proteção que talvez você tenha construído na tentativa de se proteger. Não foi sua culpa o que te fizeram ou o que te aconteceu, mas é sua a responsabilidade de se curar porque pessoas feridas ferem, mas pessoas curadas curam. Enquanto você não se curar, vai sangrar em cima de pessoas que não têm culpa. Pode ferir até as pessoas que mais ama. Assim o mal continua vencendo, perpetuando dor em cima de dor. É um ciclo sem fim até você DECIDIR que isso acaba em você.

Eu disse na introdução deste livro que Jesus não morreu só para nos dar a vida eterna, embora isso já fosse o suficiente! Mas Jesus morreu para dar presentes valiosos além da eternidade ao lado D'Ele:

- Justificação: quando você erra e vai até Ele arrependida e pede perdão e Ele lança seus pecados no mar do esquecimento;

- A paz que excede todo entendimento: a paz que o mundo não pode te dar, só Ele;

- A alegria indizível: mesmo quando as circunstâncias não são as melhores você se sente satisfeita;

- Poder e autoridade sobre o mal (Lucas 10:19);

- Parte na herança que Ele recebeu do Pai;

- O Espírito Santo (nosso consolador que habita em nós a partir do momento que nos arrependemos e cremos em Jesus).

E muitas outras bênçãos e promessas! A Plenitude de Cristo não representa uma vida perfeita sem desafios, lutas e provações. Jesus nos advertiu que neste mundo teríamos aflições, mas que tivéssemos ânimo N'Ele, porque Ele venceu este mundo que jaz no maligno. Eu creio que o problema não está no que nos acontece e sim em como reagimos a isso. Oro para que a partir de hoje você aja como um termostato e não como um termômetro, porque enquanto o termômetro muda de acordo com o ambiente o termostato tem a função de mudar a temperatura do ambiente para atender à sua vontade, ao seu comando. Você não pode esperar os ambientes mudarem, mas pode sim decidir como isso te afetará e escolher ter uma boa atitude mesmo em meio às adversidades da vida.

Com Cristo você sentirá paz mesmo em meio à doença, ao luto, ao desemprego ou a qualquer outra tribulação. Jesus se torna o SUFICIENTE e todo o resto são detalhes.

Lembro como se fosse hoje de quando descobri que sofria de carência afetiva e que desenvolvia dependência emocional em qualquer um dos meus relacionamentos. Tinha acabado de sair de uma relação tóxica e abusiva que durou dois anos de muitas brigas, confusões e traições, quando as escamas caíram dos meus olhos e eu me dei conta do quanto eu estava doente na alma eu pedi socorro a Deus para me libertar daquele sentimento de vazio toda vez que estava solteira ou ficava sem me relacionar com alguém. Este livro ainda não é para falar especificamente sobre o quanto as algemas da carência podem destruir vidas, mas para mostrar que nada que nos escravize pode ser a vontade de Deus para nossas vidas porque Jesus nos fez livres quando morreu na cruz por nós. Sempre tentaremos preencher com algo ou alguém o vazio que só Deus poderia ocupar. Você não nasceu para viver dependente de muletas emocionais. Você nasceu para glorificar o seu Criador pela obra esplêndida que Ele criou ao formar você e para voar e alcançar lugares altos N'Ele. Você não é pombo para viver de migalhas, você é águia! Então, não se contente com uma vida medíocre, não se acostume com a infelicidade e com o que te faz mal. Não se conforme com a síndrome de Gabriela: " Eu nasci assim, eu cresci assim, vou morrer assim..."

Experimente viver uma metanoia e uma revolução em sua mente sobre como você enxergava a vida e os desafios que tem vivido até hoje. Jesus quer se encontrar contigo, como encontrou a mulher samaritana junto àquele poço, e quer se revelar a você de maneira única e especial, e eu te garanto que sua vida nunca mais será a mesma porque quando Ele chega nas nossas vidas é realmente para causar uma revolução! A maior e melhor aventura que você poderá viver...

Faça essa oração a seguir com fé crendo que Deus tem poder de mudar todas as coisas e que Ele trabalha continuamente para o seu bem!

Em nome de Jesus e por intermédio do sangue de Jesus, EU (diga seu nome completo) recebo o bálsamo de cura e restauração na minha alma de toda rejeição que eu recebi em minha vida. Hoje sou curada e liberta de todo o sofrimento dos relacionamentos frustrados que eu vivi. Sou curada e liberta das traições e infidelidades que me fizeram, das mágoas, dos ressentimentos e das injustiças que cometeram comigo. Sou curada e liberta pelo sangue de Jesus de todos os complexos de baixa autoestima que eu tinha, da rejeição por racismo ou preconceito social, da necessidade de aceitação e aprovação, dos complexos de beleza, dos complexos de inferioridade e de toda invalidação que me aprisionava. Em nome de Jesus, eu sou liberta da autocondenação, do senso de desvalor e de toda culpa que havia em mim. Eu decido liberar perdão por todas as pessoas que me feriram e eu escolho me perdoar de todos os erros que eu cometi comigo mesma. Sou curada e liberta pelo sangue de Jesus de todos os abusos que cometeram comigo. Abusos verbais, emocionais ou sexuais. Sou curada e liberta da rebeldia, da autossuficiência, do isolamento e da independência. A partir de hoje, eu decido depender 100% de Deus. A partir de hoje, eu creio que a minha história foi mudada. As marcas e os traumas que eu vivi na minha vida foram removidos pelo poderoso sangue de Jesus. O Senhor derramou cura na minha alma para que eu me sinta amada por Ele. Eu recebi restauração genuína para que eu tenha prazer de viver e entenda o ideal pelo qual eu fui formada. Eu sou amada por Deus. Desejada por Deus. Esperada, escolhida e comprada pelo sangue de Jesus. O Senhor me ama exatamente do jeitinho que eu sou. Eu entendi que a verdadeira autoestima é a convicção do amor de Deus por mim e eu recebi esse amor e ninguém poderá arrancar. Jesus me ama tanto, mas tanto, que Ele foi capaz de vir à Terra, deixou seu trono, se desfez da sua glória por causa desse amor incalculável que Ele tem por mim. E por isso hoje eu também posso declarar: eu também te amo, Jesus!

Não quero somente levantar e apontar o problema, mas também clarear e direcionar você até a cura de suas feridas e do vazio da sua alma, e por isso é importante que siga estes três passos:

- Consciência do problema (não tem como vencer um inimigo oculto). Ter clareza e decidir vencer isso será como ter metade do caminho já percorrido.
- Um relacionamento diário com Deus. Suas orações têm muito poder e são elas que liberam a ação de Deus. "Digo-lhes a verdade: Tudo o que vocês ligarem na terra terá sido ligado no céu, e tudo o que vocês desligarem na terra terá sido desligado no céu." (Mateus 18:18).
- Paciência com o processo. Nem sempre a cura é imediata. Deus permite processos para aos poucos nos desmontarmos de toda armadura e proteção que construímos ao nosso redor.

Fale agora em alto e bom som essa declaração e nunca se esqueça de que Jesus é a resposta para tudo!

> A partir de hoje eu DECIDO ser preenchida e suprida, assim como a mulher samaritana, pela fonte de água viva que é Jesus. E eu declaro cura e libertação sobre toda e qualquer raiz de rejeição em minha vida que tem impedido que eu flua no pleno potencial que Deus me criou para ser!

CAPÍTULO 2:

O ELO PERFEITO

Acima de tudo, porém, revistam-se do amor, que é o elo perfeito.

(Colossenses 3:14)

Descobri o segredo de viver em paz e alegria quando entendi e tomei posse da PATERNIDADE DE DEUS. Em uma geração na qual a maioria dos pais abandonaram seus lares, seus filhos, e negligenciaram sua paternidade, não é raro ver pessoas com dificuldade em aceitar a paternidade de Deus e a se relacionar com Ele de Pai para filho. Para mim, foi um tanto quanto estranho, já que passei a minha vida toda sem um pai presente e por ter culpado o Senhor por todas as mazelas que vivi antes de descobrir quem era de fato meu inimigo e ver que Deus converteu tudo para o meu bem e para o propósito que Ele tinha para mim (falaremos mais sobre isso depois).

Quando Jesus esteve na Terra, Ele veio nos apresentar o Pai. Ele disse que Ele estava no Pai e o Pai estava N'Ele! Certo dia, Ele contou uma parábola do filho pródigo (Lucas 15:11;32), que se tratava de um filho de um fazendeiro muito rico que pediu a parte da herança que lhe cabia e foi embora para curtir a vida como bem queria. O irmão dele permaneceu com o pai. Depois de muitas festas e farras o dinheiro acabou e esse homem padeceu muitíssimo diante de um tempo de fome na terra em que ele se encontrava. Conseguiu um trabalho para alimentar os porcos, mas não tinha nem o que comer direito. Percebeu que até os servos do seu pai eram mais bem tratados do que ele estava sendo e foi aí que resolveu voltar. Humilhado e abatido. O mais lindo dessa história é ver a reação do pai quando o viu a distância e correu ao seu encontro, o abraçou e o beijou ordenando aos seus servos que lhe vestissem as melhores roupas, o melhor sapato e que colocassem em seu dedo o anel selo da família à qual ele pertencia. Preparou um enorme banquete e deu uma festa para celebrar o retorno do seu filho. Jesus também disse que ao ver todo esse alvoroço, o irmão que havia ficado na casa ficou irado e com ciúmes. Questionou seu pai sobre o porquê de nunca ter recebido tanta honra e tanta festa já que sempre o serviu e o obedeceu permanecendo ao seu lado. Seu pai lhe disse que TUDO que tinha era dele também. Que ele podia ter acesso ao que quisesse, pois tudo lhe pertencia. E aí está o segredo revelado. Tudo era dos filhos, mas só um teve acesso porque entendeu a paternidade de Deus. O filho que permaneceu não se afastou do pai, mas também não tomou posse do que ele tinha direito. Não usufruiu de nada porque tinha a mentalidade de servo e não de filho.

Quando você reconhece Jesus como senhor e salvador da sua vida, entra para a família D'Ele, e além de ser filha, também poderá ser serva ajudando seu Pai nos negócios Dele. E que negócios são esses? Ganhar almas, saquear o inferno, libertar os cativos, curar os doentes, expulsar os demônios e ensinar a palavra de Deus. Quando um filho do nosso mundo natural herda as empresas do seu pai, continua sendo filho, mas também pode ser servo trabalhando nos negócios da família.

Tenho dois filhos e eles sabem que tudo que é meu é deles, e por isso minha filha, por exemplo, usa meus sapatos, pega minha maquiagem, adora se jogar na minha cama e ama passear em nosso carro. Eles sabem que têm liberdade e provisão em nossa casa. Que fazemos o possível e o impossível para que nada lhes falte. Sabem também que cuidamos deles quando estão doentes, que disciplinamos quando estão errados e que os amamos profundamente e que somos capazes de dar as nossas vidas pela deles. E ainda não somos perfeitos como Deus é. Deus é infinitamente melhor do que nós somos para eles e do que qualquer pai e mãe terrenos são para os seus filhos. Foi esse amor que fez Jesus ir para aquela cruz e se entregar por nós para que tivéssemos a chance de passar a eternidade com Ele.

E é esse amor que te protege, que te supre, que te respalda, que te liberta, que cura, que salva! E você só tomará posse disso quando compreender que Deus é seu Pai e que como todo pai que ama, anseia viver um relacionamento contigo. A paternidade de Deus não só me curou de toda a carência pela morte e ausência dos meus pais terrenos, como também me faz descansar em problemas comuns e rotineiros. Ele demonstra seu amor por mim em cada detalhe da minha vida e cada dia que passa eu tomo mais posse da minha herança. A herança que Jesus morreu para nos dar.

"Pois vocês não receberam um espírito que os escravize para novamente temer, mas receberam o Espírito que os adota como filhos, por meio do qual clamamos: "Aba, Pai". O próprio Espírito testemunha ao nosso espírito que somos filhos de Deus. Se somos filhos, então somos herdeiros; herdeiros de Deus e co-herdeiros com Cristo, se de fato participamos dos seus sofrimentos, para que também participemos da sua glória. Considero que os nossos sofrimentos atuais não podem ser comparados com a glória que em nós será revelada." (Romanos 8:15-17)

"Contudo, aos que o receberam, aos que creram em seu nome, deu-lhes o direito de se tornarem filhos de Deus, os quais não nasceram por descendência natural, nem pela vontade da carne nem pela vontade de algum homem, mas nasceram de Deus." (João 1:12;13)

"Pai para os órfãos e defensor das viúvas é Deus em sua santa habitação." (Salmos 68:5)

"Em amor nos predestinou para sermos adotados como filhos por meio de Jesus Cristo, conforme o bom propósito da sua vontade" (Efésios 1:5)

"Dei-lhes a glória que me deste, para que eles sejam um, assim como nós somos um: eu neles e tu em mim. Que eles sejam levados à plena unidade, para que o mundo saiba que tu me enviaste, e os amaste como igualmente me amaste." (João 17:22;23)

"Todos vocês são filhos de Deus mediante a fé em Cristo Jesus." (Gálatas 3:26)

Fiz questão de compartilhar aqui alguns de muitos versículos que falam sobre a paternidade de Deus para que não restem dúvidas de que você tem um Pai que é o criador do céu e da terra e de tudo que há! Um pai perfeito! Um pai que pode fazer qualquer coisa por você desde que não vá te causar um mal.

Infelizmente há muitas servas nas igrejas e poucas mulheres entendendo a sua identidade de filhas! Eu conheço muitas mulheres que são diligentes na obra, que não faltam nenhum círculo de oração, monte, vigília etc., mas não conseguem experimentar na vida delas mesmas os benefícios e os prazeres de serem SIMPLESMENTE FILHAS! Essas são as mulheres que suas casas estão sempre extremamente limpas e organizadas, as refeições são preparadas nos horários certos e seus filhos são criados com forte senso de disciplina e responsabilidade. São as "Martas" de hoje em dia. Mas quando Jesus foi questionado sobre não se importar com o comportamento de Maria, que não estava ajudando sua irmã nos serviços da casa, veja qual foi a resposta de Jesus:

"Respondeu o Senhor: Marta! Marta! Você está preocupada e inquieta com muitas coisas; todavia apenas uma é necessária. Maria escolheu a boa parte, e esta não lhe será tirada." (Lucas 10:40-42)

Jesus não estava dizendo para Marta, assim como não está dizendo para você, que não precisamos fazer mais nada, só ficar ouvindo a palavra e buscando a presença D'Ele. Ele só disse que há um momento para todas as coisas. E que Maria tinha entendido que aquele momento era hora de ser simplesmente filha e parou de fazer tudo para ouvir e aprender com seu Pai. As servas ou "Martas" têm dificuldade de parar, relaxar e de se permitirem ser cuidadas, amparadas, ensinadas e acolhidas por Deus. E para vocês, eu preciso dizer que o seu papel mais importante não é o de mãe, nem de esposa, profissional, líder ou pastora. O papel mais importante do que todos os outros é o de FILHA DE DEUS! Porque só quando você descobrir a sua paternidade celestial terá sabedoria, equilíbrio e discernimento para desempenhar todas as outras funções em sua vida. A impressão que tenho quando vejo essas mulheres é que existe uma mesa com um banquete imenso diante delas, mas elas não comem. Elas passam fome diante de uma imensidão de alimentos que o Senhor preparou para elas assim como o filho mais velho da parábola do filho pródigo, que tinha tudo à sua disposição, mas não usufruiu de nada. A fé na paternidade de Deus é o que te faz acessar a mesa! É que te faz saber que filho não pede permissão para usufruir do que é do pai.

Martas e Marias não são inimigas e tampouco devem agir com rivalidade umas com as outras. Ao contrário, se Marias segurarem nas mãos de Martas elas não se sentirão tão sobrecarregadas e aprenderão o valor da leveza no chamado e na caminhada cristã! Se Martas se unirem a Marias, elas serão comprometidas e diligentes na obra, serão despertadas e úteis colocando em prática as boas obras que todo cristão precisa executar. Martas e Marias, vocês se complementam. Vocês se equilibram, portanto, se ajudem e se apoiem. Afinal, vocês são filhas do mesmo pai e não só podem como devem conquistar todas as promessas e a herança que é de vocês por direito.

Por outro lado, existem também muitas pessoas que infelizmente após não terem suas orações e pedidos atendidos se revoltam com Deus. Ninguém gosta de receber um não, mas permita-me colocar essa situação sob outra óptica. Como eu já contei, tenho um casal de filhos. Minha filha é alérgica a algumas coisas. Vamos supor que ela tenha alergia a chocolate e chore implorando para que eu lhe dê chocolate. Claro que eu diria não, pois sei que isso poderia matá-la! Agora você entende os nãos de Deus?

> "Qual de vocês, se seu filho pedir pão, lhe dará uma pedra? Ou, se pedir peixe, lhe dará uma cobra? Se vocês, apesar de serem maus, sabem dar boas coisas aos seus filhos, quanto mais o Pai de vocês, que está nos céus, dará coisas boas aos que lhe pedirem!"
> (Mateus 7; 9-11)

O que Deus está querendo dizer com essa passagem é que nós, mesmos sendo falhos e imperfeitos, quando nos tornamos pais ou mães, não conseguimos agir dessa maneira com nossos filhos (salvo exceções de alguns casos de pais e mães perversos), imagine Ele que é um Pai perfeito! Que pai (de verdade) que não gosta de ver seu filho bem, feliz, alimentado? Costumamos achar que sabemos o que é melhor para nós, mas não controlamos nem um segundo à frente. Deus não tem a nossa visão limitada e por isso sabe o que é melhor para você, e acredite, para Ele é mais importante que o propósito para o qual Ele te criou se cumpra, do que você parar de "birra" com Ele. Lembra da minha história? Eu não entendia por que meu pai tinha morrido e eu não podia ficar com minha mãe. Hoje eu compreendo perfeitamente e sou extremamente grata a Deus por isso. Como eu disse, tinha que ser ela! Um dentre os muitos atributos de Deus na palavra é que Ele é nosso provedor! Vejo tantas pessoas e até cristãos se desesperando com as contas, sacrificando o tempo com a família e com Deus para trabalhar e agindo assim estão pautados em sua própria força, mas não estão confiando e crendo na paternidade de Deus que garante que Ele cuida e não deixará nenhum filho passando necessidades ou sem um teto para repousar sua cabeça. Mas é a fé na paternidade que te faz tomar posse disso, porque no mundo espiritual a moeda que nos garante acessar tudo é a FÉ! A oração do Pai Nosso já nos ensina a orar e confiar no seu sustento. "O Pão Nosso de cada dia dai-nos hoje..." (Mateus 6:11).

No castigo do Éden depois que o homem pecou e caiu, Deus impôs sobre ele o seguinte castigo:

> "Com o suor do seu rosto você comerá o seu pão, até que volte à terra, visto que dela foi tirado; porque você é pó e ao pó voltará." (Gênesis 3:19)

Isso porque antes do pecado e da desobediência, o homem e a mulher (Adão e Eva) habitavam em um lugar perfeito que tinha toda a segurança e suprimentos de que precisavam. Adão era filho de Deus, mas quando pecou veio a separação da humanidade com Deus. Podemos comprovar que a Bíblia atribuía a paternidade de Deus em Lucas 3: 38, que relata a genealogia de Jesus:

> "[...] filho de Enos, filho de Sete, filho de Adão,
> filho de Deus."

Porém, depois do pecado todos os descendentes de Adão se tornaram criações de Deus, somente criaturas, e só aqueles que reconhecem Cristo como Senhor e Salvador conseguem ter a restituição da paternidade de Deus. Porque isso foi conquistado na cruz do calvário por mim e por você. Observe um fato nas escrituras. Antes de Jesus morrer, ele primeiro chamava seus discípulos de servos, passado algum tempo depois começou a chamá-los de amigos.

> "Já não os chamo servos, porque o servo não sabe
> o que o seu senhor faz. Em vez disso, eu os tenho
> chamado amigos, porque tudo o que ouvi de meu
> Pai eu lhes tornei conhecido." (João 15:15)

Mas só depois que ressuscitou é que os chamou de IRMÃOS!

> "Jesus disse: Não me segure, pois ainda não voltei
> para o Pai. Vá, porém, a meus irmãos e diga-lhes:
> Estou voltando para meu Pai e Pai de vocês, para
> meu Deus e Deus de vocês." (João 20:17)

Uauuu! O meu Pai e o Pai de vocês, o meu Deus e o Deus de vocês! Isso mudou tudo! Nosso DNA espiritual foi restaurado, nossa filiação devolvida! Jesus é o filho Unigênito do Pai, o qual Ele escolheu glorificar e exaltar acima de tudo e de todos.

> "Por isso Deus o exaltou à mais alta posição e lhe
> deu o nome que está acima de todo nome, para que
> ao nome de Jesus se dobre todo joelho, no céu, na
> terra e debaixo da terra, e toda língua confesse que
> Jesus Cristo é o Senhor, para a glória de Deus Pai."
> (Filipenses 2:9-11)

> "Então, Jesus aproximou-se deles e disse: "Foi--me dada toda a autoridade no céu e na terra."
> (Mateus 28:18)

Antes da cruz, as pessoas não tinham acesso direto ao Pai e só podiam falar e ouvir Deus por intermédio dos profetas ou sacerdotes que eram homens que Deus escolhia para cumprir um chamado específico em sua vida. Quando Jesus morreu, o véu do templo se rasgou de alto a baixo e com ele toda separação de Deus com os homens. Você só pode orar em qualquer lugar e momento diretamente a Deus por causa do que Jesus fez! Você só é Filha hoje porque Jesus morreu por você! Você não precisa mais de mediadores para falar com seu Pai. Você só precisa querer e ter um coração aberto a construir um relacionamento com Ele. Uma das coisas que mais ouço das pessoas quando prego ou ensino sobre a paternidade de Deus e o quanto isso se torna um divisor em nossas vidas quando tomamos posse é que sempre sentiram Deus como algo muito distante. Muitas até tinham medo, pois o viam como um ser sentado no trono pronto a atirar-lhe um raio na cabeça. Um Deus julgador e muito, muito bravo. Outras me relatam que têm dificuldade de ter esse relacionamento de pai e filha com Deus por terem traumas ou problemas no relacionamento com seu pai terreno, e quando tentam associar a Deus essa paternidade não conseguem fluir, não conseguem se sentir à vontade, relaxadas, como um filho que chega na casa do Pai e se esparrama na cama. Isso é muito triste porque fomos adotadas por Deus por meio de Jesus. Os direitos do filho adotivo nada diferem do direito dos filhos naturais e oro para que você consiga romper toda trava que te impede de se sentar à mesa e se servir do banquete que Ele tem preparado para você!

> "Portanto, não se preocupem, dizendo: Que vamos comer? Ou que vamos beber? Ou que vamos vestir? Pois os pagãos é que correm atrás dessas coisas; mas o Pai celestial sabe que vocês precisam delas. Busquem, pois, em primeiro lugar o Reino de Deus e a sua justiça, e todas essas coisas lhes serão acrescentadas. Portanto, não se preocupem com o ama-

nhã, pois o amanhã se preocupará consigo mesmo. Basta a cada dia o seu próprio mal".
(Mateus 6:31-34)

"Não andem ansiosos por coisa alguma, mas em tudo, pela oração e súplicas, e com ação de graças, apresentem seus pedidos a Deus. E a paz de Deus, que excede todo o entendimento, guardará os seus corações e as suas mentes em Cristo Jesus."
(Filipenses 4:6;7)

Antes de finalizar este capítulo preciso falar sobre o novo mal do século: a falta de identidade! Como contei em meu testemunho eu mesma sofri por anos com a dor de não saber quem eu era, o porquê e para que nasci. Isso me torturava e por isso não conseguia me ver com o valor devido. Era como se eu fosse só mais um no meio da multidão. Recordo-me de uma época em que estudei com quatro Carolinas na minha sala de aula e foi o ano em que me senti a mais miserável das criaturas, pois nem meu nome era só MEU! Eu me sentia um acidente do destino, um erro dos meus pais, um lixo! Mas tudo mudou quando descobri cada linha e cada palavra que tenho te revelado neste livro, e permita-me te apresentar: VOCÊ!

"Tu criaste o íntimo do meu ser e me teceste no ventre de minha mãe. Eu te louvo porque me fizeste de modo especial e admirável. Tuas obras são maravilhosas! Disso tenho plena certeza. Meus ossos não estavam escondidos de ti quando em secreto fui formado e entretecido como nas profundezas da terra. Os teus olhos viram o meu embrião; todos os dias determinados para mim foram escritos no teu livro antes de qualquer deles existir." (Salmos 139:13-16)

Você não é um acidente ou obra do acaso, não importa o que te disseram!

"Antes de formá-lo no ventre eu o escolhi; antes de você nascer, eu o separei e o designei profeta às nações." (Jeremias 1:5)

"Será que uma mãe pode esquecer do seu bebê que ainda mama e não ter compaixão do filho que gerou? Embora ela possa se esquecer, eu jamais me esquecerei de você!" (Isaías 49:15)

É hora de aprender quem você é de verdade e de se amar como Deus te amou. Você foi tão amada que Deus escolheu te fazer a imagem e semelhança D'Ele. De todas as criaturas que Deus fez, apenas o ser humano foi criado com a capacidade de raciocinar (isso faz com que possamos crescer em conhecimento, nos faz seres criativos), na capacidade de decidir (foi nos dado o direito de fazer escolhas morais e espirituais que determinam o nosso futuro) e na capacidade de nos relacionarmos emocionalmente. O seu Pai sonhou com você, te formou e pensou em cada característica, dom e talento que te daria. Você é a obra-prima da criação! Você só entende o seu valor quando descobre o valor que Deus te deu! Essa é a verdadeira autoestima. Em um mundo com mais de 7 bilhões de pessoas não existe ninguém, absolutamente ninguém igual a você. Haja criatividade, mas foi amor. Você é única e a ciência comprova isso. O diabo implantou no mundo "padrões" para que você se sentisse feia ou inferior. Padrão de peso, de corpo, de beleza, de cabelo, de tudo! Quando você olha para a natureza consegue ver a criatividade de Deus na beleza e pluralidade das espécies de plantas, animais, rios, lagoas, cachoeiras, montanhas, estrelas etc.? Então, por que não vemos essa beleza quando olhamos para nós mesmas? Imagina como seria chato se todas as pessoas fossem idênticas umas às outras! Deus foi criativo em tudo que criou, mas Satanás tem roubado essa beleza de nós quando coloca preconceito, racismo, padrões de etnia, cultura e beleza na sociedade e no mundo todo. Mas agora chega!

Chega de não se amar! Chega de não se sentir amada! Chega de se autoabandonar! Chega de não se aceitar! Chega!

Em Lucas 7:36;50, a Bíblia conta que certo dia Jesus estava na casa de um fariseu, chamado Simão, quando uma mulher entrou e se prostrou aos seus pés. Essa mulher lavou os pés de Jesus com suas lágrimas, depois secou com seus cabelos. Beijava os pés do Senhor sem parar e os ungiu com um perfume. Essa mulher conhecida como "a mulher pecadora" era rejeitada pela sociedade da época. Você consegue imaginar essa cena? Deve ter sido tão emocionante... E o mais impressionante é ver que aquela mulher que entrou ali pecadora saiu FILHA! E o que isso muda na sua vida? Absolutamente tudo! Porque quando você crê que é filha do "Maravilhoso Conselheiro, Deus Poderoso, Pai Eterno, Príncipe da Paz" terá acesso a todas as bênçãos que Jesus conquistou ao morrer na cruz por nós.

Tudo está diante de você, a fé é o que te permite pegar e tomar posse!

Abandone a autopiedade, o vitimismo e a culpa. O seu Pai te espera de braços abertos para desenvolver um relacionamento íntimo e profundo contigo. Ele quer que você se sinta amada, cuidada e protegida como nunca sonhou em ser. Ele quer que você viva a Plenitude que Ele preparou para te dar! Então, assim como aquela "mulher pecadora", lance-se de joelhos agora e chore toda a sua dor, rasgue sua alma e peça a Ele que te mostre como é ser Sua filha e ter Ele como Pai de hoje em diante.

O amor te amou. O amor te ama! Ame a si mesma também!

Quando perguntaram a Jesus qual era o maior mandamento, Ele respondeu: "Ame o Senhor, o seu Deus de todo o seu coração, de toda a sua alma e de todo o seu entendimento. Este é o primeiro e maior mandamento. E o segundo é semelhante a ele: Ame o seu próximo como a si mesmo". (Mateus 22:37;39). Consegue entender a importância de se amar? Quando você não se ama, você descumpre o segundo maior mandamento, pois não conseguirá amar as pessoas direito. Talvez você pense que fazer sempre o que os outros querem, nunca dizer não ou nunca se priorizar, seja significado de amor. Mas não é. Isso tudo é reflexo de uma pessoa desesperada por aceitação e aprovação das pessoas e por isso tenta conseguir o amor e o respeito delas por meio de ajuda, elogio ou agrado. Alguns acreditam que o amor-próprio é egoísmo, mas então por que Jesus diria: "Ame ao próximo como a Ti mesmo."? Não se amar seria o mesmo que pecar, porque Jesus sabe que quando dizemos amar o próximo sem amar primeiramente a nós mesmos estamos nos enganando, porque isso não é amor! Amor verdadeiro é altruístico (sem esperar nada em troca). Quando não nos amamos, no fundo o que fazemos ao outro é uma tentativa indireta de receber amor, reconhecimento ou agrado de volta e nesses casos quando não retribuído, valorizado ou elogiado nos ressentimos. Então, na verdade, quando não nos amamos ficamos dependendo que outros nos amem, que os outros nos validem e que os outros nos aceitem. É uma tentativa indireta de receber amor ou atenção. Pessoas assim não conseguem expressar claramente o que esperam e o que desejam de um relacionamento com um parceiro, uma amiga ou um parente, por exemplo, pois acham que fazendo isso vão achar que ela é egoísta ou prepotente.

A prova mais real para saber se você realmente faz algo altruisticamente é analisar sua reação quando não te retribuem. Você se frustra ou se ressente? Não estou dizendo que não possa nunca querer que seu amor e amizade sejam reconhecidos, mas que você deve entender que uma mulher bem resolvida consigo mesma, segura e confiante não mendiga amor, não implora atenção e não tem medo de dizer não, caso realmente seja necessário. Você não se ama quando para socorrer alguém precisa antes se prejudicar. Você não se ama quando coloca todos sempre na lista de prioridades e se esquece das suas próprias necessidades. Uma vida inteira agindo assim não é amor, é suicídio! Quem não é capaz de lidar nunca com um não seu não te ama de verdade. É aproveitador, abusivo e inescrupuloso. Existe uma série de consequências quando não nos amamos, mas eu considero a pior delas o autoabandono. Você sempre tem tempo para tudo e todos, menos para cuidar de si mesma. Parece extremamente bobo, mas não despreze o impacto que isso gera ano após ano na vida de alguém. Você se torna um mártir. Mas essa é uma vida extremamente infeliz e que impossibilitará a plena vontade de Deus em sua vida.

Por outro lado, quando você se ama, se cuida, se acolhe e entende o seu valor em Deus e para Deus, consegue amar as pessoas com excelência. Nenhuma pessoa infeliz pode fazer alguém feliz. Toda pessoa doente é capaz de adoecer o ambiente à sua volta. Uma pessoa que se ama é capaz de amar e assim cumprir o que Jesus nos ordenou. Fique bem para deixar outras pessoas bem também. Ao embarcar em um voo, as aeromoças orientam os passageiros para o caso de pane e turbulência, e se você já voou de avião sabe que mesmo que esteja a bordo com seu filho, deve colocar a máscara de oxigênio primeiro em você e depois ajudar outras pessoas. É impossível ajudar ou salvar alguém quando é você que está sendo asfixiada. Com força, alegria e vigor, você será sempre mais útil ao Reino e Deus poderá contar contigo sempre. Lembre-se: o Elo perfeito é o amor!

Quero frisar aqui o cuidado que devemos ter com a palavra amor. Deus é amor e Ele ordena que amemos uns aos outros, mas a maioria das pessoas entende esse amor como o retratado nos filmes e novelas que fomos condicionadas a sonhar desde muito pequenas. Esse amor exigido por Deus não é cego e muito menos irresponsável. Deus nos ama e em seu infinito amor por nós também nos disciplina, corrige e exorta.

> "[...] pois o Senhor disciplina a quem ama, e castiga
> todo aquele a quem aceita como filho." (Hebreus 12:6)

Não estamos amando alguém se sempre ignoramos seus erros e colocamos "panos quentes em cima". Uma mãe que vê seu filho sendo condenado a anos de prisão por ter cometido um crime não deixa de amá-lo nem sequer um dia, mas isso não faz com que ela o isente das consequências de seus erros. Amar muitas vezes é deixar o outro amadurecer e lidar com os seus próprios processos em Deus para crescimento. Amar é corrigir, disciplinar e às vezes até se afastar deixando aquela pessoa sozinha para refletir sobre seus comportamentos e atitudes. É agir com misericórdia quando alguém que te fez mal precisa de ajuda, e ter empatia, não fazendo com alguém o que você não gostaria que fizessem com você. Eclesiastes capítulo 3 diz que há tempo para tudo. Existe tempo para amar com abraços, beijos e colinho e existe tempo para ensinar, corrigir e cobrar. Saiba como expressar o seu amor com cada pessoa de acordo com a necessidade daquela circunstância.

Devido às rejeições e aos golpes que sofremos na vida deturpamos a maneira como nos vemos e percebemos o nosso real valor. Uma identidade fragmentada nunca estará apta a viver a plenitude de Deus em sua vida, pois ela sempre aceitará muito menos do que realmente merece!

A paternidade de Deus pode mudar completamente a sua percepção sobre si mesma, revelando sua real identidade e restaurando o valor que você tem em Deus e para Deus. Você deve estar se perguntando como, afinal, descobre a sua verdadeira identidade... E permita-me apresentar quem a Bíblia diz que você é:

> "Porém, vós sois geração eleita, sacerdócio real, nação santa, povo de propriedade exclusiva de Deus, cujo propósito é proclamar as grandezas daquele que vos convocou das trevas para sua maravilhosa luz."

> (1 Pedro 2:9)

Você é filha do Deus vivo! Do Eterno, do grande EU SOU! Essa é a sua identidade. Essa é quem você é! Você valeu o sangue de um inocente, o sangue de Jesus naquela cruz. A paternidade de Deus tem poder de curar suas feridas, de renovar suas forças e elevar a sua fé e esperança em seu futuro. Você não está sozinha! Não precisa se sentir como se estivesse. Seu Pai celestial te ama e anseia em poder se revelar dia após dia a você por meio de um relacionamento constante e profundo.

Em toda a Bíblia há histórias de homens e mulheres de Deus que foram transformados a partir de um encontro com o Senhor. O apóstolo João se autodenominou "o discípulo amado" não porque fosse arrogante ou prepotente, mas porque ele entendeu que era amado por Jesus, que tinha o amor Dele e tomou posse disso. Você pode dizer também:

> Eu sou a _____ (diga seu nome),
> filha amada do Pai!

> "Porque Deus amou ao mundo de tal maneira que
> deu o seu Filho unigênito, para que todo o que nele
> crê não pereça, mas tenha a vida eterna." (João 3:16)

> "Até os cabelos da cabeça de vocês estão todos con-
> tados. Não tenham medo; vocês valem mais do que
> muitos pardais!" (Lucas 12:7)

Deus não está em um trono distante, te julgando e pronto a lançar um raio em cima da sua cabeça. Sei que assim como eu no passado, milhares de pessoas enxergam Deus dessa forma. Quando você aceita Jesus no seu coração crendo que Ele veio à Terra e morreu no seu lugar para pagar a dívida que existia no seu nome, você passa de criatura para FILHA! Somos adotadas por Deus por meio da fé em Cristo Jesus. E uma vez restaurada nossa identidade, recuperamos a visão sobre nós mesmas: a autoestima e o amor-próprio. Em Apocalipse 2:17 está escrito:

> "Aquele que tem ouvidos ouça o que o Espírito diz
> às igrejas. Ao vencedor darei do maná escondido.
> Também lhe darei uma pedra branca com um novo
> nome nela inscrito, conhecido apenas por aquele
> que o recebe."

Antigamente o nome de uma pessoa se referia à sua missão na Terra ou à sua personalidade e caráter. Abrão se tornou Abraão, Sarai se tornou Sara, Jacó se tornou Israel e tantos outros tiveram seus nomes alterados. Deus mudou seus nomes quando revelava destinos, chamado e propósito. Uma identidade curada precisava de nomes novos para que representasse a nova fase da vida deles! Peça a Ele que te conceda um novo nome. Algo espiritual e profético de acordo com essa nova fase da sua vida, porque você não será mais a mesma depois de ler e principalmente aplicar o conteúdo deste livro, mas para isso precisará tomar algumas decisões inadiáveis.

Escreva nas próximas linhas o que você pode começar a fazer por si mesma a partir de hoje. Uma rotina de autocuidado? Uma refeição especial, um passeio? Ficamos sempre esperando que Deus faça algo por nós, mas Deus vai fazer a parte Dele! A sua parte é com você... O que você precisa fazer para se amar e se sentir melhor de hoje em diante? Afastar-se de pessoas tóxicas, sair de relacionamentos abusivos, não aceitar empregos em que você é explorada ou humilhada? Vamos lá, compre um presente a si mesma. Conheço centenas de mulheres que esperaram a vida toda receber rosas de um homem, mas nunca presentearam a si mesmas com um lindo buquê. Antes de esperar algo de alguém, faça por si mesma e abasteça o seu tanquinho de amor para não ficar refém de demonstrações de afeto de outras pessoas. Impor limites à sua saúde emocional e mental é primordial, principalmente no mundo de hoje, em que o amor está se esfriando e a maldade aumentando. Decida se amar, se acolher... decida ser sua fã e sua maior incentivadora porque o seu Pai Celestial está na arquibancada te vendo em campo torcendo mais do que qualquer um pelo seu sucesso. Brilhe a luz do seu Criador! Mostre a todos de quem você verdadeiramente é filha!

_____

_____

_____

_____

_____

_____

Declare em alto e bom som agora:

Agora sei que posso me amar porque O amor me
amou primeiro!
Tome posse desse amor!

CAPÍTULO 3:
DERRUBANDO AS FORTALEZAS

Assim como você pensa na sua alma, assim você é.

(Provérbios 23:7)

Uma vida plena começa por compreender que nossa mente é o maior campo de batalha que teremos que enfrentar nessa *Jornada rumo à plenitude*. Isso acontece porque desde o ventre de sua mãe você vai armazenando experiências e impressões do mundo ao seu redor. Isso determina a qualidade dos seus pensamentos e os seus pensamentos determinam a qualidade da sua vida. A ciência confirma o que Provérbios 23:7 fala, pois ficou comprovado que todo pensamento recorrente gera emoções e sentimentos em você e que agimos a partir do que estamos sentindo. De ação em ação, de atitude em atitude, colhemos os resultados de nossas vidas. Resumindo para que você entenda:

$$P - S - A = R$$

(os seus pensamentos geram os seus sentimentos que geram suas ações e isso gera um resultado).

Imagine que você passe a maior parte dos seus dias pensando sobre o que você não tem, sobre o que você não é, sobre seus erros e fracassos... Como acha que se sentiria após um tempo pensando assim? Que tipos de sentimentos começariam a vir à tona? Sentimentos de incapacidade, frustração, culpa, tristeza, rejeição... Sentindo-se dessa maneira como você agiria? Será que tomaria uma atitude positiva em relação a si mesma e à sua vida? Provavelmente não, pois emoções destrutivas e adoecidas não geram colheitas boas. Consegue compreender que tudo começa com um pensamento? A Bíblia diz que uma árvore é conhecida pelo seu fruto. Isso é uma verdade em nossa vida. Os pensamentos produzem frutos. Tenha pensamentos bons, e o fruto em sua vida será bom. Tenha maus pensamentos, e o fruto em sua vida será mau. Na verdade, você pode olhar a atitude de uma pessoa e saber o tipo de pensamento que prevalece na vida dela. Uma pessoa doce e bondosa não tem pensamentos mesquinhos e vingativos. Da mesma maneira, uma pessoa verdadeiramente má não tem pensamentos bons, amorosos.

Para ser uma mulher plena e viver a promessa de João 10:10 você precisará aprender a derrubar as fortalezas que Satanás construiu na sua mente. Sim, ele trabalhou arduamente para construir verdadeiras fortalezas em sua mente te impedindo de enxergar as coisas como Deus quer que você veja. E isso começa com o que pensa sobre si mesma. Pensamentos sabotadores que te dizem que você não é capaz, que você não é boa ou inteligente o suficiente, que você não merece mais das pessoas e da vida, que você nunca será feliz, que ninguém te ama, que você não é importante e especial ou que é muito tarde para ser feliz e consertar as coisas, por exemplo. São mentiras que o inimigo de nossas almas sopra todos os dias em nossos ouvidos. Ele quer que você pense que Deus não está te vendo, que Ele não se importa com você, que está sozinha e perdida. Na verdade, toda voz do medo, toda voz que acusa, toda voz da incredulidade, toda voz da autocrítica e da comparação não é a voz do seu Pai, do nosso Deus, pois elas não geram em você os frutos do Espírito descritos em Gálatas 5:22;23.

> "Mas o fruto do Espírito é amor, alegria, paz, paciência, amabilidade, bondade, fidelidade, mansidão e domínio próprio [...]."

Por isso, é crucial que você conheça a voz do seu Pai! Quando temos intimidade com alguém conseguimos identificá-la ao ouvir sua voz mesmo em meio a uma multidão. Você só vai conseguir derrubar essas fortalezas e não permitir que outras se construam conhecendo bem a voz de Deus. O diabo usará, às vezes, até a própria Bíblia para te enganar e para isso precisamos agir como Jesus e ter o conhecimento Pleno das escrituras e não apenas versículos isolados. Pouco antes de começar de fato seu ministério e se revelar ao mundo, Jesus foi conduzido ao deserto pelo Espírito Santo e permaneceu ali jejuando por 40 dias. Ao final desse tempo, já enfraquecido e com muita fome, Satanás veio para tentá-lo e veja como ele usou a própria Bíblia para tentar convencer Jesus de desistir do plano de salvação e servir a ele:

> "O diabo lhe disse: 'Se você é o Filho de Deus, mande a esta pedra que se transforme em pão'. Jesus respondeu: 'Está escrito: Nem só de pão viverá o homem'. O diabo o levou a um lugar alto e mostrou-lhe num relance todos os reinos do mundo. E lhe disse: 'Eu lhe darei toda a autoridade sobre eles e todo o seu esplendor, porque me foram dados e posso dá-los a quem eu quiser. Então, se você me adorar, tudo será seu'. Jesus respondeu: 'Está escrito: Adore o Senhor, o seu Deus e só a ele preste culto'. O diabo o levou a Jerusalém, colocou-o na parte mais alta do templo e lhe disse: 'Se você é o Filho de Deus, jogue-se daqui para baixo. Pois está escrito: Ele dará ordens a seus anjos a seu respeito, para lhe guardarem; com as mãos eles os segurarão, para que você não tropece em alguma pedra'. Jesus respondeu: 'Dito está: Não ponha à prova o Senhor, o seu Deus.'" (Lucas 4:3-12)

Se o diabo agiu assim com Jesus, imagina comigo e com você? Satanás é o pai da mentira. Ele tem te estudado e observado por longos e longos anos. Logo, ele conhece o seu calcanhar de Aquiles, seu ponto fraco. Por que ele perderia tempo investindo onde você é forte? Entenda que sempre será ele por trás das pessoas que te ferem, que tentam apagar o seu brilho, que tentam paralisar você. Ele não quer que você viva na potência máxima que Deus te criou para ser! Por isso precisamos conhecer a palavra de Deus e ter acesso à revelação plena. O diabo conhece a letra, mas nós temos acesso à revelação se a quisermos e buscarmos junto ao Senhor.

> "E conhecereis a verdade, e a verdade vos libertará."
>
> (João 8.31;32)

Sua vida pode estar em um caos pela sua maneira errada de pensar. É extremamente importante e urgente que você entenda que sua vida não se resolverá até que sua mente seja renovada. Você precisa considerar essa área de necessidade vital. Leve muito a sério essa questão de demolir as fortalezas que Satanás construiu em sua mente.

Você precisa pensar sobre o que você pensa.

O mesmo Deus que nos deu a capacidade de sentir nos deu a capacidade de gerenciar nossos sentimentos e emoções. Ele nos deu um cérebro lógico, racional e pensante para que não ficássemos reféns das nossas emoções.

> "O coração é mais enganoso que qualquer outra coisa e sua doença é incurável. Quem é capaz de compreendê-lo?" (Jeremias 17:9)

Como vimos nos capítulos anteriores, as rejeições geram feridas ou uma estrutura emocional frágil. As feridas emocionais tornam mentiras em verdades e constituímos crenças limitantes nas três esferas. Veja alguns exemplos:

1. Crenças negativas de Merecimento:

- "Ninguém nunca vai me amar de verdade";
- "Nunca vou conseguir alcançar meus objetivos ou realizar meus sonhos";
- "Eu não mereço que coisas boas aconteçam em minha vida";

- "Estou destinado a essa vida e a ser desse jeito porque essa é a situação da minha família e, por isso, é a minha";
- "Eu não mereço amor, sucesso, dinheiro, fama etc.";
- "É muito tarde para eu encontrar a felicidade e sucesso";
- "Melhor ficar nesse relacionamento infeliz do que ficar sozinha";
- "Estou velha demais para isso";
- "As coisas nunca dão certo para mim".

2. Crenças negativas de Capacidade:

- "Eu não faço nada direito";
- "Eu não sou tão boa, capaz, quanto x pessoa";
- "Não consigo aprender isso";
- "Nunca vou conseguir alcançar meus objetivos ou realizar meus sonhos";
- "Não sei como resolver esse problema";
- "Eu não posso/não consigo/não sei fazer isso";
- "Não tenho jeito para isso";
- "Eu não sou o suficiente (por exemplo, capaz, feliz, bom, jovem, inteligente)";
- "Eu não posso ser feliz até que a relação/carreira seja diferente";
- "Eu preciso fazer mais e mais para ser digna";
- "Eu nunca vou mudar realmente".

3. Crenças negativas de Identidade:

- "Eu sou burra/feia/velha";
- "Sou igual a meu pai/minha mãe, puxei tudo o que ele(a) tem de ruim";

- "Eu preciso fazer os outros felizes, então eu não serei rejeitado";

- "Eu tenho que ganhar a aprovação de outras pessoas para me sentir bem comigo mesma";

- "Se eu deixar as pessoas realmente me conhecerem, elas não vão gostar de mim",

- "Eu não sei o que eu quero";

- "Eu sou responsável pela felicidade de outras pessoas, e elas são responsáveis pela minha";

- "É minha culpa x pessoa ter me traído ou me abandonado";

- "Se eu falar o que penso, eu vou ser rejeitado";

- "Eu sou uma pessoa ruim".

Algumas dessas frases costumam rondar sua mente? Saiba que esses pensamentos não nasceram com você. Eles foram o resultado de frases ouvidas, situações vividas no decorrer da sua vida e sopros do diabo em seus ouvidos. Repita 10, 20, 100 vezes algo a uma pessoa e isso se tornará uma verdade, ou dependendo do impacto emocional provocado pelo evento, basta uma única vez.

Outro fator que limita e impede muitas pessoas de romperem e viverem o melhor de Deus em suas vidas é a autossabotagem. Depois de muitos pensamentos, comportamentos aprendidos e hábitos nocivos, não percebemos o quanto nos prejudicamos em situações que poderíamos romper e desfrutar de uma grande benção. Vou contar um exemplo de uma autossabotagem clara! Participei de um evento de desenvolvimento humano e estava trabalhando na equipe como staff. Uma mulher veio até mim e me pediu ajuda, pois estava totalmente confusa e abatida. Ela me contou que tinha acabado de perceber que se sabotava na vida sentimental. Toda vez que ela conhecia alguém, mesmo que fosse um homem bom e que a tratasse com respeito, atenção e carinho, ela dava um jeito de destruir aquele relacionamento e terminava. Conversando com ela descobri que sua mãe vivia há anos em um relacionamento abusivo e sofria muito, mas não conseguia se libertar. A filha, por amar muito a mãe, inconscientemente não se considerava digna de ser mais feliz nessa área do que sua própria mãe, além de ter medo de esfregar na cara da sua mãe sua felicidade e acabar sendo rejeitada. Nosso medo da rejeição é tão grande que nem percebemos o quanto nos sabotamos tentando evitar esse sofrimento. Claro que essa mulher precisava alinhar sua mente e pensar por outro lado! Ela precisava ver as coisas por uma outra perspectiva. Foi aí que a levei ao seguinte cenário. Imagine-se vivendo um relacionamento incrível e abençoado. Daqueles que todos à sua volta têm por referência de casal bem-sucedido. E se em vez de ser rejeitada pela sua mãe você a inspirasse e provasse para ela que é possível sim ser feliz na vida sentimental e que ela merecia mais? Ela seria um farol não só para a mãe, mas para muitas outras mulheres, e isso sim traria algum benefício ao mundo. A outra opção era ela e a mãe destruídas e frustradas emocionalmente, e um dia essa filha se afastaria ou se revoltaria com a mãe, pois a culparia pelo seu fracasso na vida amorosa. Isso é renovação de mente! Outro exemplo foi o que aconteceu com a moça que me auxiliava nos cuidados com minha tia. Surgiu a necessidade dela se mudar e começamos a ver algumas opções de casas com o valor de orçamento que ela dispunha. Achamos casas muito boas e em locais muito mais seguros do que onde ela morava, mas no final ela se mudou para uma casa e localização ainda piores do que antes. Isso é autossabotagem e uma crença de merecimento baixíssima.

Outra forma de Satanás aprisionar nossas vidas e mentes é por meio da autocondenação. Muitas pessoas cometem muitos erros dos quais se arrependem depois, mas não conseguem se libertar dos pensamentos que rondam sua mente e ficam se martirizando pelos frutos da colheita do erro. Eu estive nesse lugar por um bom tempo quando me condenava e me culpava por ser mãe solo e por não ter dado à minha filha o pai ou a família que eu mesma tanto sonhei um dia em ter. Isso melhorou depois que me casei, mas, às vezes, pensamentos assim rondam a minha mente e não temos controle sobre isso, mas controlamos sim permitir que eles pousem e façam ninho!

Ouvi um pastor contar sobre um caso de um homem que estava tentando se matar sentado na mureta do terraço de seu prédio. Esse homem estava tão doente que seu filho estava junto sentado no seu colo. Esse homem acabou pulando mesmo após muitas tentativas da equipe de resgate e seu filho pereceu com ele. Esse pastor conta que após saber dessa notícia o Espírito Santo disse a ele que sempre que tomasse qualquer decisão ou fizesse uma escolha que deveria sempre pensar que seu filho estava em seu colo. Como contei na introdução deste livro, eu e meus irmãos perecemos sim por muitos anos por causa dos erros dos nossos pais. Muito sofrimento poderia ter sido evitado se eles tivessem uma vida regida pela palavra de Deus e sabedoria concedida por Ele. E eu mesma cometi muitos erros até ter a maturidade e revelação clara da palavra de Deus, mas sei hoje que Deus não me condena. Eu fiz o que podia com o que tinha e conhecia. Não poderia ter feito melhor ou diferente antes de ter acesso a tudo que você está tendo oportunidade agora. E isso vale para você também. Mas lembre-se: Deus NÃO te condena pelos erros do passado!

> "De novo terás compaixão de nós; pisarás as nossas maldades e atirarás todos os nossos pecados nas profundezas do mar." (Miquéias 7:19)

Após o sacrifício de Jesus na cruz, começou a Nova Aliança e todos que creem Nele e o confessam como Senhor e Salvador de suas vidas ficam livres do jugo da lei e de toda maldição e condenação.

> "Cristo nos redimiu da maldição da lei quando se tornou maldição em nosso lugar, pois está escrito: Maldito todo aquele que for pendurado num madeiro. Isso para que em Cristo Jesus a bênção de Abraão chegasse também aos gentios, para que recebêssemos a promessa do Espírito mediante a fé."
>
> (Gálatas 3:13;14)

Entendeu agora que uma vez com Cristo você não será mais escrava de nenhuma condenação pelo pecado nem dos seus pais e nem dos seus? Tudo muda em nossas vidas quando firmamos uma aliança com Jesus! Talvez você esteja se perguntando por que muitos cristãos ainda vivem vidas repetindo erros dos seus antepassados. Crer em Jesus não anula que demônios que atuam há anos na família tentem fazer o mesmo com você. São os espíritos familiares. Estão há gerações na família e trabalham na destruição de uma área especificadamente. Geralmente isso reflete na área de mais fragilidade de um cristão na luta contra sua carne. Quando pecamos e não nos arrependemos, abrimos a brecha no mundo espiritual. O arrependimento e a confissão de pecados a Deus nos mantêm em obediência e debaixo da cobertura e proteção divina, mas quando escolhemos permanecer no pecado, damos legalidade para que esses demônios atuem novamente em nossas vidas. Mas não se preocupe, porque vou te contar agora o plano de ação para vencer essa guerra e derrubar as muralhas de uma vez por todas!

> "Não se amoldem ao padrão deste mundo, mas transformem-se pela renovação da sua mente, para que sejam capazes de experimentar e comprovar a boa, agradável e perfeita vontade de Deus."
> (Romanos 12:2)

> "Destruímos argumentos e toda pretensão que se levanta contra o conhecimento de Deus, e levamos cativo todo pensamento, para torná-lo obediente a Cristo." (2 Coríntios 10:5)

> Você deve estar se perguntando aí agora: "mas afinal, como renovar a minha mente e como levar todo pensamento cativo para torná-lo obediente a Jesus Cristo?". E a resposta está em Efésios 6:13;18:

> "Por isso, vistam toda a armadura de Deus, para que possam resistir no dia mau e permanecer inabaláveis, depois de terem feito tudo. Assim, mantenham-se firmes, cingindo-se com o cinto da verdade, vestindo a couraça da justiça e tendo os pés calçados com a prontidão do evangelho da paz. Além disso, usem o escudo da fé, com o qual vocês poderão apagar todas

as setas inflamadas do Maligno. Usem o capacete da salvação e a espada do Espírito, que é a palavra de Deus. Orem no Espírito em todas as ocasiões, com toda oração e súplica; tendo isso em mente, estejam atentos e perseverem na oração por todos os santos."

Todos os dias enfrentamos uma batalha. Ela não é visível, mas isso não significa que não aconteça. Você pode estar preparada para a luta ou pode ser pega desprevenida. Deus nos concedeu a armadura necessária para enfrentar nosso inimigo. A palavra de Deus é a nossa espada. Já viu alguém ir para a guerra desarmado? Muito provavelmente essa pessoa morreria rapidamente. Então, não deixe de usar a espada, a couraça, o escudo, o capacete, o cinto e os sapatos necessários para se blindar das astutas ciladas do diabo e de seus dardos inflamados lançados em sua direção.

"A tua palavra é lâmpada que ilumina os meus passos e luz que clareia o meu caminho." (Salmos 119:105)

Outro aspecto que precisamos mudar se quisermos experimentar a boa, agradável e perfeita vontade de Deus para nossas vidas é a maneira com que falamos porque toda palavra tem poder! Analise atentamente este versículo:

"Do fruto da boca enche-se o estômago do homem; o produto dos lábios o satisfaz. A língua tem poder sobre a vida e sobre a morte; os que gostam de usá-la comerão do seu fruto." (Provérbios 18:20;21)

A palavra é clara quando diz que comemos do fruto de nossas palavras. Analise sua vida e tente se lembrar de como tem falado sobre si mesma, sobre suas circunstâncias e sobre os outros. Eu gostaria de ter descoberto sobre o poder da palavra antes de colher frutos amargos pela forma como eu falava. Sua vida espiritual, sentimental, profissional, familiar e financeira pode estar caótica simplesmente porque você professa palavras que geram morte em vez de vida. Isso é muito sério!

"Todos tropeçamos de muitas maneiras. Se alguém não tropeça no falar, tal homem é perfeito, sendo

também capaz de dominar todo o seu corpo."
(Tiago 3:2)

"Como a cidade com seus muros derrubados, assim
é quem não sabe dominar-se."

(Provérbios 25:28)

Vimos em Gálatas 5 que um dos frutos do Espírito Santo é o domínio próprio, mas quando se trata das palavras esquecemos que temos ajuda D'Ele para controlar nossa língua e falar somente palavras que abençoam tanto as nossas vidas como as de outros. As cidades antigamente tinham muros que as protegiam de invasões e ataques inimigos. A Bíblia compara uma pessoa que não sabe dominar a si mesmo com uma cidade com seus muros derrubados, porque isso significava a vergonha e a ruína daquela cidade. O povo de Israel enquanto atravessava o deserto após sair do Egito se perdeu nas palavras quando murmurava e reclamava em vez de orar e conversar com Deus sobre o que eles precisavam ou queriam ter. Deus se irou com eles inúmeras vezes e eles perderam a promessa de viver na terra prometida por Deus. Não quero que por causa da maneira errada de falar você perca as bênçãos e as promessas de Deus para sua vida. Sei que não é fácil mudar a forma como falamos da noite para o dia, mas à medida que tomamos a decisão de usar nossa boca a nosso favor, ficaremos mais atentas e poderemos substituir as palavras ruins assim que elas escaparem de nossos lábios.

"Mas as coisas que saem da boca vêm do coração,
e são essas que tornam o homem 'impuro'. Pois do
coração saem os maus pensamentos, os homicídios,
os adultérios, as imoralidades sexuais, os roubos, os
falsos testemunhos e as calúnias."

(Mateus 15:18;19)

Seja franca: o que tem saído da sua boca? Porque isso pode demonstrar como está seu coração, e com certeza um coração impuro afetará sua vida como um todo.

> "Mas eu lhes digo que, no dia do juízo, os homens haverão de dar conta de toda palavra inútil que tiverem falado. Pois por suas palavras você será absolvido, e por suas palavras será condenado."
> (Mateus 12:36;37)

Não poupei versículos e embasamento bíblico para te mostrar a importância e a seriedade a respeito da maneira como você fala porque essa chave tem transformado ano após ano minha vida e pode fazer o mesmo por você. Durante meus anos amargos eu só praguejava, ainda mais sobre minha própria vida. Reclamava de tudo. Se estava sol, se chovia, se estava quente ou frio. Reclamava dos meus patrões, do trânsito e de absolutamente tudo e todos. Claro que não fazia ideia de que aquilo só piorava minha situação. As pessoas com a mente renovada pela palavra não conseguem suportar a companhia de pessoas murmuradoras porque a programação de suas mentes está alterada para pensar e falar somente de acordo com a palavra de Deus, e por isso o louvor e a gratidão a Deus estão sempre fluindo de seus lábios. Em Gênesis vemos Deus criando o mundo por meio do poder da palavra. Que mundo você tem criado para viver, de acordo com suas palavras? As palavras são sementes. Se tudo está um caos ao seu redor, mude hoje mesmo a maneira como você fala e desfrute muito em breve a colheita dessa nova semeadura.

Agora é a sua vez de:

- Controlar sua mente e sua língua e encontrar paz e bênçãos;
- Reconhecer os pensamentos e palavras destrutivos e evitar que eles influenciem sua vida;
- Ser paciente consigo mesma, apesar dos erros;
- Munir-se da Palavra de Deus, do louvor, da oração e de outras armas espirituais poderosas para a renovação da sua mente;
- Encontrar a felicidade e a plenitude jamais sonhadas.

Viva uma metanoia declarando todas as manhãs as verdades que Deus diz a seu respeito. Você é o que Deus diz que você é! Você tem o que a palavra diz que você tem! Faça esse exercício diário até se sentir fortalecida e conseguir memorizar acessando essas frases sempre que sentir necessidade. Repita para si mesma todas as manhãs:

Tudo posso naquele que me fortalece.

Eu sou cabeça e não cauda.

Eu sou amada por Deus.

Eu sou mais valiosa que os rubis.

Eu sou a Noiva de Cristo.

Eu sou justificada e perdoada sempre que me arrepender.

Eu sou mais que vencedora.

Eu sou sal e luz da Terra.

Eu sou uma mulher virtuosa.

Eu sou filha de Deus.

Como disse no início deste capítulo, você precisa pensar sobre o que você pensa! Para isso, passe alguns dias ou até semanas mapeando os pensamentos limitantes e sabotadores que rondam sua mente e anote-os aqui. Carregue este livro com você em sua bolsa, por uns dias, e sempre que perceber um pensamento assim, anote! Após observar isso por algum tempo, é hora de formatar o HD! Para cada pensamento, para cada sentença negativa, escreva três substituições positivas. Vou te dar um exemplo:

Se você pensou que não consegue realizar algo porque acha difícil demais, reescreva da seguinte maneira:

Posso tudo naquele que me fortalece. Deus me revestiu de inteligência e capacidade quando me criou. Eu quero, eu posso, eu consigo!

Viu só? É uma renovação de mente, uma verdadeira faxina no seu cérebro.

CAROLINA CABRAL

CAPÍTULO 4:

RENDIÇÃO

Fui crucificado com Cristo. Assim, já não sou eu quem vive, mas Cristo vive em mim. A vida que agora vivo no corpo, vivo-a pela fé no filho de Deus, que me amou e se entregou por mim.

(Gálatas 2:20)

Eu sempre fui muito observadora e buscava entender o que pessoas que eram exemplos e referências na fé cristã tinham ou o que faziam de diferente. Qual era o segredo? Eu fui tão infeliz e me senti tão miserável por tantos anos que queria mais do que tudo sentir paz e ser feliz. Levar uma vida leve, organizada e estruturada. Tente se lembrar agora de pessoas que você conhece, mesmo que das redes sociais, e que você percebe algo diferente em suas vidas. Pessoas que te atraem justamente por viverem ou terem em suas vidas aquilo que você mais sonha em viver mesmo que considerasse impossível até hoje.

Na introdução deste livro eu contei que aceitei Jesus com 18 anos em um apelo feito no final de um culto, mas isso não gerou nenhuma mudança perceptível na minha vida. Eu continuei vivendo do meu jeito e tudo continuou uma bagunça dentro e fora de mim.

Anos se passaram, até que aos meus 26 anos ouvi uma pregação que mudou tudo. Foi uma chave poderosa que tomei posse e só a partir daí as coisas foram mudando e melhorando. Nunca vou me esquecer do que minha pastora na época disse naquele púlpito.

Quando aceitamos Jesus costumamos fazer aquela declaração de que você o aceita como Senhor e Salvador da sua vida, certo? Foi assim para a maioria de nós. Acontece que a maioria das pessoas leva o salvador para casa e se esquece do senhor. No dicionário, o significado da palavra senhor é dono! Porque quando você entrega a sua vida a Cristo, você não deveria estar mais no controle da sua vida, e sim Jesus. Você passa a ter um dono e deve se submeter ao senhorio D'Ele para ter sua vida guiada e dirigida pelo Espírito Santo. E é aí que o jogo começa a virar. Você pode achar que sabe o que é melhor para si, que sabe o que está fazendo, mas a verdade, cara leitora, é que não sabemos de nada! Não temos a visão ampla do todo como Deus tem. Ele nos criou e não nós o criamos. A criatura não sabe mais do que o seu criador que a formou.

Quando uma pessoa está noiva e faz um curso de noivos na igreja, é comum indicarem a leitura do livro: *As cinco linguagens do amor,* de Gary Chapman. Nesse livro aprendemos os cinco tipos mais comuns sobre como as pessoas "leem" ou entendem o amor que recebem. Um exemplo disso é que você pode dizer "eu te amo" o dia todo, mas se o outro tiver a linguagem de amor *presentes*, ele não terá seu tanquinho abastecido, pois não é dessa maneira que ele se sente amado. É um livro muito interessante tanto para solteiras quanto para casadas melhorarem seus relacionamentos ou se prepararem para um esposo no futuro. O fato é que Deus tem a sua própria linguagem do amor também. É como Ele se sente amado verdadeiramente por nós. E essa linguagem é a OBEDIÊNCIA.

> "Respondeu Jesus: 'Se alguém me ama, guardará a minha palavra. Meu Pai o amará, nós viremos a ele e faremos nele morada. Aquele que não me ama não guarda as minhas palavras. Estas palavras que vocês estão ouvindo não são minhas; são de meu Pai que me enviou.'" (João 14:23;24)

> "Os que pertencem a Cristo Jesus crucificaram a carne, com as suas paixões e os seus desejos. Se vivemos pelo Espírito, andemos também pelo Espírito."

(Gálatas 5:24;25)

Uma das chaves para viver a Plenitude de Deus em sua vida é a: RENDIÇÃO. Render-se ao senhorio de Cristo. Sair do controle e entregar o leme da sua vida para Ele conduzir. Obedecer aos princípios que estão no Manual de vida que Ele nos deu (a Bíblia) foi o fator determinante para uma colheita de bênçãos e promessas em minha vida.

> "Eu sou a videira; vocês são os ramos. Se alguém permanecer em mim e eu nele, esse dá muito fruto; pois sem mim vocês não podem fazer coisa alguma."

(João 15:5)

Conseguimos entender melhor esse conceito quando nos tornamos mães e precisamos educar nossos filhos. Eu tenho um casal e quando eles eram bem pequenos eu proibia que eles colocassem o dedo dentro das tomadas. Entenda, como mãe eu não queria estragar a diversão deles nem impedir suas explorações do mundo que era tão novo para eles. Mas eu sabia que se colocassem o dedinho na tomada, tomariam um enorme choque e isso poderia feri-los gravemente. Deus age da mesma forma conosco. Como um Pai perfeito, Ele quer o nosso bem e segurança acima de tudo, e por isso estabeleceu alguns princípios, proibindo alguns comportamentos e atitudes. Tudo o que Ele estabeleceu como errado não foi para tirar sua diversão, mas para te PROTEGER. Ele sabia as consequências que tal ato poderiam acarretar e sabia o quanto te fariam sofrer. Que pais ou mães bondosos e amorosos gostam de ver um filho sofrer? Creio como mãe que essa seja a pior sensação que existe. Mas do mesmo jeito que eu não poderei controlar meus filhos para só fazerem o que eu digo e a me obedecerem sempre, Deus também não faz isso com a gente. Ele nos amou tanto que nos fez livres! Temos o livre-arbítrio para escolher o caminho que quisermos, mas somos escravos das consequências e dos resultados das nossas escolhas. Isso é a lei da semeadura/colheita.

Vou aproveitar aquele exemplo que usei anteriormente: imagine que você tenha um filho muito alérgico a chocolate e ele te implore para comer um bombom apenas. Você ama seu filho mais que tudo. Sabe que chocolate é muito gostoso, mas que se cedesse ao pedido dele isso o levaria à morte. Ainda assim você daria? Creio que não. Deus age da mesma forma comigo e contigo. Pode implorar, chorar e espernear, mas se Ele sabe que isso não é o melhor e que não te faria bem, Ele não vai te dar. Deus não mima seus filhos, antes, busca levá-los ao pleno amadurecimento. E isso inclui uma vida de obediência aos princípios estabelecidos para o nosso bem.

A palavra de Deus contém mais de 5 mil promessas para nós. Porém, a maioria delas é condicional. Isso significa que dependem de nossas ações, atitudes e comportamentos para se cumprirem. Deus não tem filhos preferidos, mas tem sim filhos mais obedientes e por isso mais abençoados.

> "Se vocês obedecerem fielmente ao Senhor, ao seu Deus, e seguirem cuidadosamente todos os seus mandamentos que hoje lhes dou, o Senhor, o seu Deus, os colocará muito acima de todas as nações da terra. Todas estas bênçãos virão sobre vocês e os acompanharão, se vocês obedecerem ao Senhor, ao seu Deus." (Deuteronômio 28:1;2)

Para cada promessa cumprida, houve antes um princípio obedecido.

Eu jamais poderia recompensar meus filhos se eles só me desobedecessem, mas o contrário também é uma verdade. Como mãe, eu me encheria de alegria e orgulho ao ver meus filhos obedientes e íntegros e não mediria esforços para recompensá-los por isso. Uma vida debaixo de princípios e obediência a Deus é uma vida abençoada. O Senhor tem prazer nos que o obedecem e o honram. Enquanto eu não entendia o senhorio de Cristo, continuei vivendo como queria. Não lia a Bíblia, logo não conhecia os princípios de

Deus. A Bíblia é nosso manual de vida. Sem o manual você pode se quebrar toda! E eu quebrei, de uma forma muito feia. Em uma época, por exemplo, eu praticava o pecado da fornicação, que é o ato sexual praticado fora da aliança de um casamento. O mundo acha isso normal, e eu também achava. Não sabia ou não entendia porque Deus tinha proibido algo que era tão bom e tão prazeroso. Lembra do exemplo que dei sobre não se tratar de querer nos tirar a diversão e o prazer? Pois é...

Eu tive relação sexual sem me preocupar nem por um momento das possíveis consequências. Acabei engravidando aos 20 anos de idade. Foi uma das fases mais difíceis da minha vida. Minha dignidade foi para a lama, sofri privações financeiras severas chegando a morar um tempo de favor na casa de uma irmã da igreja, e era uma luta diária para me manter sã, trabalhar e criar minha filha. Isso sem contar nos danos emocionais e psicológicos que minha filha sofreu durante todo esse processo. Foram tempos extremamente difíceis e de muita solidão. Mas que também serviram para me firmar em Deus mais do que nunca antes. Eu só tinha a Ele e era tudo o que eu precisava. Minha busca intensa ao Senhor fez com que diminuíssem muito os impactos, e hoje posso afirmar que minha filha tem dois pais incríveis, que a amam muito e dariam as suas vidas pela dela. Mas isso só aconteceu porque a mão de Deus estava sobre mim e Ele foi me guiando e tendo misericórdia da minha situação. Minha filha não é um acidente, como nenhuma criança é, porque Deus em sua onisciência já sabia tudo o que eu faria. Mas sei que poderia ser diferente. Eu poderia ter esperado até meus 28 anos (quando me casei) para me entregar ao meu marido e ter meus filhos com ele. Não passaríamos por tanta dor e sofrimento como passamos. Lembro-me de ter ido a um gabinete com meu pastor na época e ele me disse que não doeria para sempre. Ele me explicou que eu estava colhendo ainda os frutos de uma semeadura ruim, mas que a partir do momento que escolhesse semear obediência aos princípios de Deus, colheria bênçãos muito em breve.

E quando finalmente entendi essa chave decidi esperar em Deus pela minha promessa na vida sentimental. Sonhava em me casar e em ter mais um filho. Ocupei minha cabeça na minha igreja, no meu relacionamento com Deus, na criação da minha filha e no meu trabalho. Precisei passar por um processo de cura da carência afetiva que me aprisionava, mas após vencer isso fiz um voto com Deus, e um ano depois conheci meu esposo. Nos casamos e estamos juntos e felizes desde então. Tivemos o meu tão sonhado menino que veio para completar e unir ainda mais a nossa família. Apesar de complicações na minha saúde, vivi um sonho na segunda gravidez. Foi totalmente o oposto da minha primeira experiência. Fui tão amada, mimada e cuidada que às vezes me pegava chorando emocionada, cheia de gratidão a Deus. A felicidade explodiu! Eu fui restituída em dobro. E desde então, venho comprovando os benefícios na prática do valor da obediência, do valor de cumprir os princípios para colher promessas. E eu espero que depois deste livro e do meu testemunho pessoal você viva a mesma transformação em todas as áreas da sua vida! Não há Plenitude fora de princípios porque os princípios nos protegem e geram bênçãos sem medida.

Na Bíblia há princípios para ser bem-sucedida em todas as áreas da sua vida. Princípios para ser próspera financeiramente, para viver muitos anos na Terra, para obter sabedoria, para ter um casamento abençoado, filhos abençoados e muito mais. Toda vez que você escolher obedecer aos princípios por Deus estabelecidos colherá os frutos disso e eu te garanto que são frutos maravilhosos.

Agora, você precisa tomar uma decisão. Escolher ficar do jeito que está ou revolucionar a sua vida a partir de uma nova semeadura. Há um tempo para tudo. Não dá para esperar que a bagunça que você construiu por anos se resolva em um mês. Relacionamento com Deus não é pílula mágica, é um estilo de vida! Você pode começar a semear coisas melhores, mas leva um tempo até chegar o dia da colheita. Tenha paciência, permaneça firme e entregue o controle da sua vida a Deus.

> "'Porque sou eu que conheço os planos que tenho
> para vocês', diz o Senhor, 'planos de fazê-los pros-

perar e não de lhes causar dano, planos de dar-lhes esperança e um futuro.'" (Jeremias 29:11)

Todo mundo quer ser feliz. Imagino que se está lendo este livro agora é porque deseja ardentemente ser feliz. Mas o que talvez o mundo não entenda é que essa felicidade que todos buscam é ilusória. Não é real! Em nome da felicidade homens e mulheres abandonam seus lares e suas famílias todos os dias, mulheres abortam seus bebês por acharem que não vão conseguir ser felizes e tocar suas vidas, filhos se rebelam contra pais, afinal: querem ser felizes. É um caos! Não podemos confundir liberdade com libertinagem. Tudo que foge aos padrões de Deus gera dor e caos. Olhe para o mundo, analise as vidas das pessoas ao seu redor. Por que são tão tristes, por que vivem tão sem paz? Por que nunca estão satisfeitas? Por que parecem tão frias, perdidas ou obstinadas...?

> "Quem dera eles tivessem sempre no coração esta disposição para temer-me e para obedecer a todos os meus mandamentos. Assim tudo iria bem com eles e com seus descendentes para sempre!" (Deuteronômio 5:29)

Não, cara leitora, essa não é a felicidade real. A felicidade está em amar e temer o Senhor. Esse é o sentido da vida escrito pelo homem mais sábio que pisou nesta Terra: Salomão. Eu creio que ele recebeu TUDO, absolutamente tudo da parte de Deus, para testemunhar para mim e para você que a felicidade não estava no dinheiro, na comida farta, nas mulheres que teve, no poder que recebeu como rei etc. A felicidade e a satisfação plena estavam em ter um relacionamento com o nosso criador e Pai e na obediência às suas leis e aos princípios estabelecidos.

> "Agora que já se ouviu tudo, aqui está a conclusão: Tema a Deus e obedeça aos seus mandamentos, porque isso é o essencial para o homem." (Eclesiastes 12:13)

Você não pode pecar deliberadamente porque Jesus morreu por seus pecados. A graça não é e nunca será desculpa para pecar. Graça é a solução para o pecado. Quando entender e aceitar o senhorio de Cristo na sua vida saberá orar em concordância com os planos e sonhos que Deus tem para você, e recomendo fortemente que a cada pedido feito a Deus encerre sua oração com a seguinte frase: "Contudo Senhor, seja feita a Tua vontade e não a minha", como Jesus nos deixou de exemplo na oração do Pai Nosso.

Uma vida debaixo de princípios e obediência a Deus é uma vida abençoada e eu posso provar! Veja o que está escrito em Deuteronômio 28 e conheça a recompensa da obediência:

> "Se vocês obedecerem fielmente ao Senhor, ao seu Deus, e seguirem cuidadosamente todos os seus mandamentos que hoje lhes dou, o Senhor, o seu Deus, os colocará muito acima de todas as nações da terra. Todas estas bênçãos virão sobre vocês e os acompanharão, se vocês obedecerem ao Senhor, ao seu Deus: Vocês serão abençoados na cidade e serão abençoados no campo. Os filhos do seu ventre serão abençoados, como também as colheitas da sua terra e os bezerros e os cordeiros dos seus rebanhos.
>
> A sua cesta e a sua amassadeira serão abençoadas. Vocês serão abençoados em tudo o que fizerem. O Senhor concederá que sejam derrotados diante de vocês os inimigos que os atacarem. Virão a vocês por um caminho, e por sete fugirão." (Deuteronômio 28:1-7)

Reflita agora sobre quais áreas da sua vida estão ruins. Essas com certeza são as que você mais tem resistido ao senhorio de Cristo. Estude na palavra quais são os princípios para ter essa área feliz e realizada e comece a pôr em prática. Ore agora mesmo, entregando o controle de toda a sua vida a Deus, e confie que Ele tem planos maiores e melhores do que os seus. Coisas que nem a sua mente consegue imaginar. Escreva seu plano de ação e decida viver o MELHOR de Deus para sua vida!

JORNADA RUMO À PLENITUDE

Declare a partir de hoje:

"Jesus é o meu dono e eu me rendo ao senhorio Dele.
A partir de hoje eu entrego o controle da minha vida
nas mãos Dele e confio na direção do Espírito Santo
dirigindo os meus passos."

CAPÍTULO 5:
RECONCILIAÇÃO

Pois foi do agrado de Deus que nele habitasse toda a plenitude, E por meio dele reconciliasse consigo todas as coisas, tanto as que estão na terra quanto as que estão no céu, estabelecendo a paz pelo seu sangue derramado na cruz

(Colossenses 1:19;20)

    Contei na introdução deste livro meu testemunho e falei sobre algumas das muitas feridas que me causaram ao longo da minha vida, e por isso guardei muita mágoa e às vezes até raiva das pessoas que me machucaram. É difícil carregar o enorme fardo que se forma quando acumulamos tantos sentimentos tóxicos e destrutivos dentro de nós. E é claro que nem eu e nem você seremos plenas se não nos livrarmos do peso de bagagens do nosso passado. Eu costumo dizer que guardar ressentimentos é como beber uma dose de veneno todos os dias e no final será você a atingida, e não quem te feriu.

    Jesus confiou à igreja o ministério da reconciliação, mas infelizmente poucos cristãos conseguem viver isso na prática. Como expliquei no capítulo anterior, toda vez que quebramos um princípio, nos quebramos depois, e o não perdão pode partir corações em muitos pedaços. Sei que esse assunto não é agradável e que se você quiser vai pular este capítulo. Mas peço que confie em mim e principalmente em Deus para chegar ao final destas páginas com todos os passos concluídos e começar a viver de fato as promessas de Deus em sua vida e na dos seus. Sei que você conhece pessoas que passam a vida amarguradas e ressentidas por algo que fizeram a elas. Essas pessoas contam suas injustiças inúmeras vezes. Praguejam quem os feriu de todas as formas. Infelizmente eu vejo isso o tempo todo. Pessoas que não superam a dor que lhe causaram mesmo que se passem anos. Mas o pior disso tudo é ver o quanto o ódio, a raiva e a mágoa destroem alguém por dentro. Física, emocional e psicologicamente. Infelizmente colho até hoje algumas consequências de ter somatizado muita raiva e mágoa. São conhecidas como as doenças psicossomáticas que afetam diretamente a saúde mental e fisiológica. Nesse contexto, os sintomas físicos acabam se tornando uma consequência dos sintomas emocionais e psicológicos. Conheço pessoas que por causa de sofrimentos emocionais desenvolveram psoríase, quedas de cabelo severas, enxaquecas crônicas, pressão alta, problemas renais e até câncer. A ciência já comprovou que nossas emoções são tão fortes que têm o poder de abalar nosso corpo físico, que perece pela nossa falta de paz. Eu tenho certeza absoluta de que essa não é a Plenitude que Jesus quer para nós. E é por isso que o capítulo deste livro é *vital* para você a partir de agora.

Todo cristão, absolutamente todo cristão, nasceu com um propósito específico, mas o ministério da reconciliação é para todos!

> "Tudo isso provém de Deus, que nos reconciliou consigo mesmo por meio de Cristo e nos deu o ministério da reconciliação, ou seja, que Deus em Cristo estava reconciliando consigo o mundo, não lançando em conta os pecados dos homens, e nos confiou a mensagem da reconciliação.Portanto, somos embaixadores de Cristo, como se Deus estivesse fazendo o seu apelo por nosso intermédio. Por amor a Cristo lhes suplicamos: Reconciliem-se com Deus." (2 Coríntios 5:18-20)

Esse é o papel de todo cristão: reconciliar pessoas a Deus. Se somos representantes de Jesus na Terra, seus embaixadores, precisamos agir como Jesus e seus discípulos agiram com seus ofensores, perseguidores e traidores. Permita-me te lembrar da morte de um grande homem de Deus e de sua atitude prestes a morrer.

> "Mas Estêvão, cheio do Espírito Santo, levantou os olhos para o céu e viu a glória de Deus, e Jesus em pé, à direita de Deus, e disse: 'Vejo os céus abertos e o Filho do homem em pé, à direita de Deus'. Mas eles taparam os ouvidos e, dando fortes gritos, lançaram-se todos juntos contra ele, arrastaram-no para fora da cidade e começaram a apedrejá-lo. As testemunhas deixaram seus mantos aos pés de um jovem chamado Saulo. Enquanto apedrejavam Estêvão, este orava: 'Senhor Jesus, recebe o meu espírito'. Então caiu de joelhos e bradou: 'Senhor, não os consideres culpados deste pecado'. E, tendo dito isso, adormeceu." (Atos 7:55-60)

Uau! Que lição extraordinária lemos nessa passagem. Estevão orou a Deus pedindo que não imputasse sobre seus assassinos a culpa de sua morte. Imagina se cada cristão no mundo conseguisse agir assim mesmo diante da sua própria morte. Sei que parece absurdo em um primeiro momento, mas é esse coração manso e pacificador que Jesus quer que tenhamos.

> "Vocês ouviram o que foi dito: 'Ame o seu próximo e odeie o seu inimigo'. Mas eu lhes digo: Amem os seus inimigos e orem por aqueles que os perseguem, para que vocês venham a ser filhos de seu Pai que está nos céus. Porque ele faz raiar o seu sol sobre maus e bons e derrama chuva sobre justos e injustos. Se vocês amarem aqueles que os amam, que recompensa receberão? Até os publicanos fazem isso! E se vocês saudarem apenas os seus irmãos, o que estarão fazendo demais? Até os pagãos fazem isso! Portanto, sejam perfeitos como perfeito é o Pai celestial de vocês." (Mateus 5:43-48)

Essa passagem pode doer como um soco em nosso estômago quando ainda temos perdões a serem liberados, mas se você entendeu o capítulo anterior sabe que obedecer é a melhor coisa que pode fazer por si mesma e perdão é um mandamento. Em Mateus 18:21-35 Jesus respondia uma dúvida de Pedro sobre quantas vezes deveríamos perdoar alguém. Jesus lhe contou uma história sobre um servo que devia uma quantia considerável ao seu senhor e no dia da prestação de contas lhe implorou por misericórdia e essa lhe foi concedida. Mas ele saindo dali encontrou o seu conservo e cobrou a dívida que ele tinha com ele. O conservo implorou misericórdia, mas o servo não teve a mesma atitude que o seu senhor e lançou-o na prisão. Sabendo o que tinha acontecido, o senhor daquele servo o chamou e o final dele foi exatamente assim:

> "Então o senhor chamou o servo e disse: Servo mau, cancelei toda a sua dívida porque você me implorou. Você não devia ter tido misericórdia do seu conservo como eu tive de você? Irado, seu senhor entregou-o aos torturadores, até que pagasse tudo o que devia. Assim também lhes fará meu Pai celestial, se cada um de vocês não perdoar de coração a seu irmão."
> (Mateus 18:32-35)

Você não pode fazer a oração do Pai Nosso e ignorar a parte que diz: "Perdoa as nossas ofensas assim como nós perdoamos a quem nos tem ofendido." A Bíblia não é um buffet self-service onde você pega o que gosta. E o perdão talvez seja o jiló no prato de alguém. Ninguém quer, mas é saudável comer. O perdão é saudável para você! O perdão te liberta, cura suas feridas, mas não isenta o outro de sua responsabilidade e consequência de seus atos. Quando você perdoa, ensina e influencia a todos que te cercam a fazerem o mesmo, pois se eles virem que você conseguiu, vão saber que é possível quando precisarem fazê-lo também. Lembra de Jacó e Esaú? Jacó enganou seu pai, Isaque, e recebeu a benção da primogenitura que por direito pertencia ao seu irmão Esaú. Naquela época essa era uma benção valiosíssima, e com medo da ira de seu irmão, Jacó fugiu para a casa de seu tio Labão. Ele se casou com Lia e Raquel, e um dia, depois de muitos desentendimentos com seu tio/sogro, ele decide voltar à terra de seus pais, mas sabia que precisaria enfrentar a situação com seu irmão e temeu muitíssimo esse reencontro. No final da história vemos que deu tudo certo. Esaú perdoou Jacó, eles se reconciliaram e ficou tudo bem. Mas um fato bem importante que talvez você nunca tenha reparado é que José estava ali testemunhando esse reencontro e perdão entre irmãos. Mesmo pequeno, ele recebeu a referência do que o perdão podia causar e anos depois decide fazer o mesmo pelos seus irmãos quando eles vão até o Egito buscar comida e José era o governador daquela terra. José foi traído, abandonado, humilhado pelos seus irmãos e sofreu durante 13 longos anos um processo doloroso e árduo. Ele tinha todo poder e autoridade para mandar matá-los ou prendê-los se assim o quisesse, mas ele não o fez. Ele escolheu simplesmente perdoar e isso os reconciliou trazendo toda a sua família, inclusive seu pai, Jacó, para junto de José no Egito. José confiou na justiça divina e não cumpriu a sua própria sentença condenatória contra os irmãos. José sabia que nada de ruim fica impune aos olhos de Deus, e é por isso que Ele não quer ninguém se vingando ou desejando o mal para seus ofensores ou inimigos, mas que confiemos no justo julgamento D'Ele. Deus não é indiferente ao que te causaram. Veja o que está escrito:

> "Amados, nunca procurem vingar-se, mas deixem com Deus a ira, pois está escrito: 'Minha é a vingança; eu retribuirei', diz o Senhor."

(Romanos 12:19)

O Senhor não deixará impune nada, mas só Ele tem o poder e a capacidade de julgar alguém. Quando somos injustiçados, traídos, feridos ou humilhados, é comum termos os seguintes pensamentos:

Como posso perdoar se eles nem estão arrependidos?

Eles precisam aprender uma lição.

Não cabe a mim tomar o primeiro passo.

Não quero incentivar o comportamento irresponsável.

Sei disso, pois já pensei e senti o mesmo. Mas permita-me te apresentar as coisas por outro ângulo.

> "Pois a nossa luta não é contra pessoas, mas contra os poderes e autoridades, contra os dominadores deste mundo de trevas, contra as forças espirituais do mal nas regiões celestiais." (Efésios 6:12)

Entendeu por que Deus pede que você perdoe pessoas e por que Ele nos perdoa todos os dias quando voltamos a Ele arrependidos? Porque o problema não são as pessoas, e sim o mal agindo por meio delas. Satanás te fere para você ferir. Ele gera o caos e depois deixa todos se odiando e destruindo uns aos outros. Ele lança a isca e quem morde fica preso na sua armadilha. Isso também não significa que as pessoas não devem pagar por seus atos. Temos leis para punir crimes, e perdoar não tem nada a ver com isentar da culpa e responsabilidade dos atos, civil e criminalmente, quando for o caso. Nem Deus nos isenta das consequências de nossos erros! Perdão também não é ter que conviver ou confiar novamente em alguém. Você tem direito a escolher com quem terá intimidade e com quem comerá à mesa. Em alguns casos, as pessoas que te feriram podem se arrepender e isso pode tornar possível a restituição do relacionamento, mas não se torture caso não consiga mais caminhar lado a lado com elas. Leva-se anos para construir uma confiança, e reconstruir, então, pode ser algo extremamente difícil. Um vaso quando se quebra pode ser colado, mas as rachaduras entre as peças sempre estarão lá como uma lembrança do que aconteceu. É assim também com um relacionamento que se quebrou, mas foi restaurado. Perdão não é amnésia. Perdão é tirar as mãos do pescoço do outro. É parar de reviver o fato na mente com dor e sofrimento. Perdão é justamente lembrar sem sofrer. É dar paz e liberdade a quem de fato merece: VOCÊ! Perdão é saúde, é vida, e vida abundante, porque sua paz não tem preço no mundo que pague!

Talvez agora você esteja aí pensando: "Ela está falando isso porque não sabe o que eu passei ou o que tal pessoa fez comigo. Isso é imperdoável". Eu entendo, de verdade, que não é algo fácil para ser processado e aplicado, mas se você quer mesmo alcançar a paz interior e ser uma mulher plena em Deus vai precisar fazer isso! Você não precisa esperar ter vontade ou sentir algo para perdoar alguém. Isso nunca vai acontecer! O perdão é antinatural. Nada em nossa natureza humana é capaz de gerar um sentimento ou vontade de perdoar. Somente o Espírito Santo pode nos dar essa capacidade. E só consegue isso quem se relaciona com Deus. Perdão é uma DECISÃO e não tem nada de emocional nisso. Você declara que decide perdoar e repete essa declaração até que não sinta raiva ou dor ao pensar na pessoa ou no fato. Uma coisa que sempre me ajuda muito a liberar perdão é orar por quem me machuca. No começo não é fácil e soa até meio esquisito, mas eu insisto e com o passar dos dias Deus vai me enchendo de compaixão e empatia pelo(a) ofensor(a). Fomos chamados para sermos imitadores de Cristo. Isso é ser discípulo. Você sabe o que Cristo disse sobre como lidar com nossos opositores, inimigos e perseguidores?

> "Não retribuam a ninguém mal por mal. Procurem fazer o que é correto aos olhos de todos. Façam todo o possível para viver em paz com todos." "Pelo contrário: Se o seu inimigo tiver fome, dê-lhe de comer; se tiver sede, dê-lhe de beber. Fazendo isso, você amontoará brasas vivas sobre a cabeça dele. Não se deixem vencer pelo mal, mas vençam o mal com o bem."
> (Romanos 12:17- 21)

Sei que pode parecer duro e difícil demais, mas à medida que crescer no relacionamento com Deus, no conhecimento das escrituras e amadurecer mais na fé, isso se tornará cada vez mais fácil e simples. Pode acreditar! Você pode estar se perguntando: e quando o ofensor é um dos meus pais ou ambos?! Recebo constantemente essa pergunta e preciso te dizer que perdoar é cumprir o primeiro mandamento com promessa: "Honra teu pai e tua mãe, a fim de que tenhas vida longa na terra que o Senhor, o teu Deus, te dá." (Êxodo 20:12). Um fruto não cai muito longe da árvore. Procure entender o passado dos seus pais. Veja como foram criados e isso te ajudará a ter mais compaixão. As pessoas só conseguem dar o que têm, ou seja, o que elas receberam. Eles fizeram o que podiam com os recursos psicológicos e emocionais que tinham. Muito possivelmente eles são o reflexo da criação e vida que receberam e viveram. Por isso é crucial resolver isso em você, pois seus filhos podem sofrer os impactos disso. Lembre-se, enquanto você não cicatrizar a ferida, vai sangrar em quem não tem culpa. Seus pais terrenos te deram o dom da vida. Seja grata por isso. Eles foram instrumentos para que se cumprisse o propósito de Deus com seu nascimento. Agradeça nem que seja pelo fato de ter recebido o DNA, o sangue e todos os nutrientes necessários para que se formassem seus ossos e todos os órgãos no ventre da sua mãe. Se você nasceu e hoje pode sentir essa indignação é porque pelo menos te deram a chance de viver.

Agora que você entendeu a paternidade de Deus sabe quem cuida de você e quem é seu pai de verdade! Além disso, problemas com uma paternidade e maternidade mal resolvidas têm sequelas, principalmente na vida sentimental de uma mulher, então não adie mais esse perdão. Seus pais não são perfeitos. Respeite e siga sua vida como uma adulta que você é. Deus não exige que você tenha profundo amor por pais que te machucaram ou te abandonaram, Ele só pede que você respeite e cuide deles quando não tiverem mais condição alguma de cuidarem de si mesmos. Mas se mesmo depois de todos esses argumentos ainda não foi suficiente para você optar pelo perdão e pela sua cura emocional, quero te falar algo que não deixará espaço para mais questionamentos.

Sei que você sabe que não é perfeita. Talvez nem lembre quantas pessoas feriu até hoje. Poucas ou muitas, o fato é que você erra diariamente. Todos os dias precisamos da misericórdia divina sobre nós e sobre nossas vidas. Só uma pessoa foi perfeita: Jesus. Ele não cometeu nenhum erro, nenhuma transgressão. Só fez o bem. Ele abriu mão da sua glória, do seu lugar ao lado do Pai nos céus e nasceu como homem na mesma carne e natureza terrena para provar para nós que era possível! Ele foi moído, humilhado, massacrado e pregado em uma cruz somente com pregos segurando o seu corpo contra a força da gravidade. Ele foi coroado com uma coroa de espinhos, cuspiram na sua face, foi chicoteado da forma mais cruel que existia. E para piorar, o que Jesus mais sentiu foi a dor de perder o acesso ao Pai. Naquela época, a morte de cruz era a pior forma de morrer. Todo aquele que fosse suspenso no madeiro era considerado maldito. Jesus se fez maldição em nosso lugar quando todos os pecados da humanidade foram lançados sobre Ele. Naquele momento Ele ficou pela primeira vez sozinho.

> "Por volta das três horas da tarde, Jesus bradou em alta voz: 'Eloí, Eloí, lamá sabactâni?', que significa 'Meu Deus! Meu Deus! Por que me abandonaste?'"
> (Mateus 27:46)

Jesus estava imundo, e Deus é santo! A santidade não pode habitar na impureza e na imundície de nossos pecados. Lembra-se do que aconteceu quando Uzá tropeçou e tocou na arca da aliança? Uzá tocou na parte em que estava a glória, a presença de Deus, e foi fulminado no mesmo instante. Isso aconteceu porque Uzá ainda não tinha o sangue de Jesus cobrindo seus pecados. Ainda não estava vivendo a Nova Aliança e quando um homem pecador toca no santíssimo, sua matéria não resiste. Jesus estava com os pecados de toda a humanidade sobre Ele, e por isso perdeu a presença do Pai. Até hoje se pecarmos deliberadamente sem nos arrependermos, perderemos a presença do Espírito Santo porque Deus é santo e não habita na imundície do pecado.

Você acha mesmo que Jesus não entende a sua dor? Ele sentiu a pior de todas as dores! E mesmo assim continuamos pecando. É como se fizéssemos pouco caso de tamanho sacrifício. Um Deus perfeito morreu por seres imperfeitos como nós e ainda assim consegue nos perdoar todos os dias, quantas vezes nos arrependermos de verdade. E você ainda acha que tem o direito de não perdoar? Você acha mesmo que pode se colocar no lugar de Deus, assumir o papel de juíza e condenar ou salvar pessoas? Você que não consegue ver um segundo à frente da sua vida e não tem acesso ao passado de ninguém?! Como pode querer julgar como Deus? Jesus é o único que tem esse poder porque Ele pagou pelo pecado de todos! Esse papel não nos cabe. Esse papel não é nosso. Entregue seu ofensor a Deus, submeta-se ao mandamento do perdão e colha os frutos de paz e alegria que o Senhor vai derramar sobre você como recompensa. Guardar mágoas e ressentimentos nunca te levará à Plenitude. NUNCA. Você só encerra esse capítulo perdoando. O perdão rompe o ciclo de dor e culpa. A pessoa que perdoa CICATRIZA SUAS FERIDAS.

Hora de praticar:

Quando as palavras ficam no campo das ideias e na mente, podem se perder com o tempo. Não se mova por sentimentos, mas por decisões. Racionalize o perdão escrevendo cartas a todos que precisar. Você pode entregar ou simplesmente apresentar a Deus depois de escrever nas próximas linhas. Pode fazer isso mesmo que a pessoa já tenha falecido porque o perdão é sobre você, não sobre o outro.

Declaração:

O perdão não é um presente para quem me feriu. O perdão é um presente para mim mesma.

CAPÍTULO 6:
RESTITUIÇÃO

Sabemos que Deus age em todas as coisas para o bem daqueles que o amam, dos que foram chamados de acordo com o seu propósito.

(Romanos 8:28)

Quando eu era criança li um livro que me marcou muito. Ele contava a história de uma menina chamada Pollyanna, que ficou órfã e precisou se mudar para a casa de sua tia. A menina tinha sido criada com seu pai depois da morte da mãe e ele tinha sido um missionário muito humilde. Certo Natal, Pollyanna esperava a cesta de doações da igreja com expectativas de enfim ganhar uma boneca, mas em vez disso recebeu muletas. Chorando e muito decepcionada, seu pai a ensinou a jogar um jogo. O jogo do contente. A regra desse jogo era simples. Todas as vezes que acontecesse algo triste eles buscariam um motivo para se alegrar. No caso das muletas, Pollyanna ficou feliz por não precisar delas, pois tinha pernas saudáveis que funcionavam perfeitamente. Quando chegou na cidade de sua tia foi ensinando o jogo para muita gente e contagiou aquela região com sua alegria. Até as pessoas mais ranzinzas e mal-humoradas foram influenciadas e começaram a jogar o jogo, e isso transformou as suas vidas. Um jogo que ensinava as pessoas a ressignificarem os eventos dolorosos de suas vidas e a substituírem frustração em gratidão, choro em riso.

Ressignificar significa basicamente: dar um outro ou um novo significado.

Em Gênesis 45:1;8 José se revelava a seus irmãos depois de muitos anos. Os mesmos irmãos que quiseram matá-lo. Os mesmos que o jogaram em um poço fundo e vazio e depois o venderam como escravo. José sofreu por 13 anos as consequências dessa injustiça e traição dos seus irmãos. Qualquer pessoa teria motivos para ter ódio e querer até mesmo vingança de alguém que tenha lhe feito tanto mal. Mas José era diferente. José servia ao Deus Altíssimo. Podemos comprovar isso em sua trajetória íntegra diante das oportunidades que ele teve para pecar. Nessa passagem, José ressignificou lindamente tudo o que lhe tinha acontecido. José não viu a traição dos seus irmãos como erro deles, mas como um plano divino. José deu um novo significado a tudo o que sofreu. Ele deu um novo sentido, uma nova interpretação ao fato.

> "Agora, não se aflijam nem se recriminem por terem me vendido para cá, pois foi para salvar vidas que Deus me enviou adiante de vocês. Já houve dois anos de fome na terra, e nos próximos cinco anos não haverá cultivo nem colheita. Mas Deus me enviou à frente de vocês para lhes preservar um remanescente nesta terra e para salvar-lhes as vidas com grande livramento. Assim, não foram vocês que me mandaram para cá, mas sim o próprio Deus. Ele me tornou ministro do faraó, e me fez administrador de todo o palácio e governador de todo o Egito."
> (Gênesis 45:5-8)

José ressignificou traição, abandono e covardia como: o propósito de Deus para sua vida que era matar a fome de nações administrando as reservas das colheitas e para preservar o remanescente de Israel: Jesus Cristo. Imagina o que teria acontecido se Jacó (Israel) e todos os seus descendentes tivessem morrido de fome. Jesus era da tribo de Judá porque seu pai adotivo, José, era descendente de um dos 12 filhos de Jacó, Judá. José sofreu sim, por longos 13 anos, mas ele foi preparado, lapidado pelo Senhor. Deus o submeteu a um processo para que quando tivesse muito poder e honra não caísse no pecado do ego ou orgulho. Deus nos ama tanto que não permite certas bênçãos antes de nos submeter a um processo para que não venhamos a cair e nos perder. Para Deus mais importa que você seja salvo, por isso, se houver algum risco de perder sua alma, Ele vai te submeter a um processo até que esteja apta para viver o propósito que Ele tem para a sua vida.

É claro que depois do processo doloroso, vemos José muito rico e muito poderoso. Também voltou a ter um relacionamento com seu pai e seus irmãos. E é isso que eu chamo de restituição. Deus restitui o que você perdeu na dor, no processo, nas injustiças que sofreu. Se você não se revoltar, não fechar seu coração para Deus e não viver culpando Ele de todas as mazelas que sofreu, terá um tempo de bonança após a tempestade. Você será restituída em tudo. Com Jó não foi diferente. A fidelidade de Jó em não blasfemar contra Deus durante todo o seu processo árduo e doloroso o fez ser restituído e em dobro! Importante frisar que restituição não envolve só vida financeira. A restituição pode ser em paz, alegria, gozo e refrigério.

Para ser uma mulher Plena você precisa aprender a ressignificar os eventos dolorosos de sua vida dando uma nova interpretação, um novo sentido a isso. Vejo mulheres que passam anos presas às suas cavernas emocionais depois de terem sido traídas, feridas, abandonadas ou humilhadas. Entendo que são coisas terríveis e muito dolorosas, mas ficar para sempre lambendo suas feridas não te fará bem algum. Pelo contrário, sua vida ficará estagnada, os planos e sonhos de Deus para sua vida nunca se concretizarão e você nunca experimentará quão bom é dar a volta por cima e ser restituída por Deus. Você precisará fazer uma escolha. Apegar-se à sua dor e viver contando essa história triste para as pessoas e para si mesma ou abandonar o vitimismo e se agarrar em Deus para ter forças e sabedoria para contornar essa fase turbulenta e espinhosa. Você é mais que vencedora em Cristo Jesus, lembre-se disso! O Senhor tem prazer em restituir seus filhos de tudo aquilo que o diabo roubou, de tudo aquilo que foi frustrado em suas vidas. José olhou seu processo com uma atitude de gratidão e muita reverência a Deus. A gratidão atrai o olhar de Deus e abre as comportas do céu em sua direção. Em Lucas 17:11-19, a Bíblia relata a história de 10 leprosos que imploraram a Jesus que lhes curassem. Jesus tinha maneiras diferentes de operar a cura e daquela vez Ele simplesmente pediu que eles fossem se apresentar aos sacerdotes. Enquanto eles iam, no caminho, ficaram curados. Um deles, quando viu que estava curado, voltou louvando a Deus e se prostrou aos pés de Jesus agradecendo. O mais intrigante dessa passagem foi a reação de Jesus ao questionar todos os outros nove leprosos que também tinham sido curados, mas não se deram ao trabalho de voltar e agradecer. A ingratidão entristeceu Jesus. A ingratidão é algo terrível. Pensa em quantas vezes você já ouviu alguém falar do quanto estava triste pela ingratidão de uma pessoa. Você nunca terá mais se não for grata pelo que já tem hoje! Porque Deus derramaria mais sobre você se não consegue ser grata nem pelo que já recebeu Dele.

Por isso honre sua história, honre seu passado, seja ele qual for. A mulher que você se tornou, com as qualidades e virtudes que tem, também é por causa das lutas e dores que enfrentou. Honrar e respeitar a sua própria história quer dizer que você deve se orgulhar de tudo o que lhe aconteceu, de como você superou cada desafio e obstáculo, bem como da pessoa que você se tornou e tem se tornado com o passar do tempo. Ao fazer esse exercício, você passa a confiar mais em si mesma, entendendo que possui, interna e externamente, todos os recursos necessários para vencer todas as batalhas que a vida lhe traz. Se está agora lendo este livro, significa que está de pé apesar de terem tentado te destruir, e isso deve ser motivo de orgulho para você! Faça as pazes com o seu passado. Por mais que achemos que a melhor forma de seguir em frente na vida seja esquecendo por completo tudo de ruim que nos aconteceu, acredito verdadeiramente que o melhor a se fazer é olhar para o passado e encará-lo. O que quero dizer é que você deve olhar para suas experiências negativas passadas e buscar fazer as pazes com elas, procurando extrair de cada uma as coisas boas, aprendizados e ensinamentos que lhe trouxeram, como elas lhe deixaram mais forte e te transformaram na pessoa excepcional que você é hoje.

Outro passo importante para restituição de Deus em sua vida é olhar para frente. O excesso de passado pode roubar a alegria do hoje. Todos os dias as misericórdias do Senhor se renovam em nossas vidas e o choro pode durar uma noite, mas a alegria virá ao amanhecer. Mas isso só será possível se você quiser! Nem eu, nem mesmo Deus podemos querer por você. O que você ainda quer conquistar? Quais são suas metas, sonhos e objetivos? Onde quer estar daqui a um, cinco ou 10 anos? Refletir sobre essas questões e definir cada uma delas lhe dará a oportunidade de manter o seu foco voltado para o futuro, para o que você almeja alcançar, no sentido de se sentir plenamente feliz e realizada em vez de ficar perdendo tempo com o que não vai lhe tirar do lugar.

Se te dessem um copo com água pela metade e eu te perguntasse o que você está vendo, o que responderia? Um copo meio cheio ou um copo meio vazio? Como funciona a sua mente diante de uma situação conflitante? Qual lente você tem usado para interpretar os fatos de sua vida? Um fato isento de interpretações será sempre apenas um fato. Para que você entenda melhor vou dar um exemplo prático. Uma mulher grávida é apenas uma mulher grávida. O fato sem nenhuma interpretação é: uma gravidez. Mas uma mulher que engravida sem ter planejado, esperado ou ansiado por isso pode ficar profundamente triste ou irritada chegando ao ponto de não desejar nem ter o bebê. Sabemos que isso acontece muito e infelizmente o número de abortos só aumenta a cada ano no mundo todo. Mas por outro lado podemos ver uma mulher pulando, gritando, chorando emocionada por ter, enfim, ficado grávida após anos de espera e tentativas. Também vemos isso o tempo todo, certo? O fato é o mesmo. O que muda é a interpretação que cada um dará ao que lhe aconteceu. Percebeu agora? Eu costumo sempre dizer que não é o que te acontece, mas o que você faz com o que te acontece. Como você permite que isso te afete ou como você decide interpretar isso. Tenho uma amiga que quando ficou grávida do primeiro filho dela se desesperou e chegou a pensar em aborto. Em uma conversa com ela consegui mostrar a partir do meu exemplo e testemunho que Deus é fiel e que Ele cuidaria dela e do seu filho sempre. Que nada lhes faltaria e que essa criança seria benção na vida dela, pois filhos são herança do Senhor. Com apenas uma nova visão sobre o fato, ela conseguiu interpretar de maneira diferente sua gestação e seguiu com a gravidez adiante. Imagine agora a dor de uma tentante com inúmeras perdas. Existem mulheres que se revoltaram com Deus e existem mulheres que enxergam que a vontade Dele é boa, perfeita e agradável, seja ela qual for, e que estão nesta terra para cumprirem um propósito e que a dor delas pode servir de testemunho um dia para milhares de outras mulheres na mesma situação. Exatamente como José fez. Ressignificam, interpretando tudo com olhos de gratidão e reverência a Deus. A gratidão permite que você use uma lente que te faz enxergar tudo mais colorido e agradável. Seja grata! A gratidão é uma chave que destrava mais bênçãos em sua vida. A receita para se deprimir sempre será focar no que você não tem e no que não depende de você. Pense por um momento nas coisas que não tem e em situações que fogem nesse momento do seu controle e perceba como se sente angustiada e perturbada. Agora substitua esses pensamentos pelas verdades da palavra de Deus:

> "De todos os lados somos pressionados, mas não desanimados; ficamos perplexos, mas não desesperados; somos perseguidos, mas não abandonados; abatidos, mas não destruídos." (2 Coríntios 4:8;9)

Como eu disse, um coração grato atrai a presença de Deus, a ingratidão, por sua vez, fere o coração de Deus e trava o fluxo de bênçãos. Existem pessoas que estão com suas vidas travadas por causa da ingratidão a pessoas que lhe estenderam a mão quando precisaram. Procure se lembrar agora de todas as pessoas que já te ajudaram na vida, que estenderam a mão quando você mais precisou. A quem você precisa agradecer?

Existe um estudo sobre o poder da gratidão e ele revela como o simples fato de encerrar seus dias, mesmo aqueles mais difíceis, pensando em coisas pelas quais poderia ser grato muda seu estado emocional. A gratidão cura! Cura ansiedade, estresse, tristezas, cura a alma! Talvez você esteja se perguntando: como ser grata mesmo em meio a provas e tribulações? E eu te respondo com a palavra de Deus:

> "Não só isso, mas também nos gloriamos nas tribulações, porque sabemos que a tribulação produz perseverança; a perseverança, um caráter aprovado; e o caráter aprovado, esperança. E a esperança não nos decepciona, porque Deus derramou seu amor em nossos corações, por meio do Espírito Santo que ele nos concedeu." (Romanos 5:3-5)

> "Alegrem-se na esperança, sejam pacientes na tribulação, perseverem na oração." (Romanos 12:12)

Lembre-se de jogar o jogo do contente sempre que algo ruim acontecer em sua vida. Pergunte a Deus: Senhor, essa situação faz parte do processo que preciso passar para o cumprimento do meu propósito? Reflita na adversidade: o que essa situação está tentando me ensinar? Que lição ou que proveito posso tirar disso? Muito importante frisar que existirão momentos de casulo, desertos e cavernas que acontecerão em nossas vidas com a permissão de Deus. Peça ao Senhor discernimento sobre o que está enfrentando porque não adianta pedir milagres quando Deus quer te manter no processo. Confie N'Ele! Segure sua mão fortemente e atravesse o deserto. Lembre-se do povo que morreu sem pisar na terra prometida. Todos eles tinham o direito à promessa, mas nem todos desfrutaram por causa da ingratidão de seus corações, da murmuração e da rebeldia. Deus é fiel com os que são fiéis à Ele. Ele é justiça! Louve a Deus em qualquer circunstância. Quem não passa pelo processo fica mais suscetível à queda. Salomão, Saul e Sansão não foram submetidos a um processo e terminaram em profunda queda e desgraça. Diferentemente de Davi, José, Abraão e Moisés, por exemplo. Então, agradeça! Agradeça a Deus por estar te tornando uma pessoa mais forte e capacitada a cumprir os propósitos D'Ele para sua vida.

Talvez você precise de uma casa melhor, de um carro melhor, de roupas melhores... mas seja grata por tudo que tem em suas mãos hoje! Deus não suporta os ingratos e os murmuradores. Ele recompensa, restitui e abençoa em dobro aqueles que não se revoltam, não blasfemam contra Ele na hora do aperto. Ele honra aqueles que têm o coração como o de Jó:

> "E disse: Nu saí do ventre de minha mãe e nu tornarei para lá; o Senhor o deu, e o Senhor o tomou: bendito seja o nome do Senhor." (Jó 1:21)

> "Porém ele lhe disse: Como fala qualquer doida, falas tu; receberemos o bem de Deus, e não receberíamos o mal? Em tudo isto não pecou Jó com os seus lábios." (Jó 2:10)

Essa deve ser sua atitude diante de uma tribulação: ser paciente e persistir na oração crendo que essa provação vai passar e que Deus lhe concederá vitória sempre que você se manter fiel e estável. Lembre-se: não é o que te acontece, e sim o que você faz com o que te acontece. Equilíbrio emocional está totalmente ligado a uma fé fortalecida no Deus que você serve, no Deus que te vê!

Lembre-se; não é o que te acontece, é o que você vai decidir fazer com isso.

No início deste livro eu disse que tinha que ter sido criada pela minha tia para que se cumprisse o propósito que o Senhor tinha em minha vida e prometi explicar melhor depois. É fato que sofri e chorei muito. Foram anos de muita revolta e muito vazio em mim pela falta do meu pai, da minha mãe e dos meus irmãos. Mas só depois de adulta e de conhecer a realidade da minha mãe e da minha família é que fui entendendo o que Deus quis quando permitiu que eu passasse por aquele vale. Eu sofria, mas aprendia a palavra D'Ele. Eu chorava, mas crescia ouvindo o nome de Jesus. Aprendia a orar, a ler e escrever com excelência e desenvolvi minha oratória (o que me ajuda muito nas ministrações). Minha tia me ensinou desde muito nova a servir e a me importar com os mais necessitados. Fui formada com princípios valiosíssimos para o Reino. Desenvolvi os dons necessários para o cumprimento do meu chamado e principalmente me tornei sensível a todas as mulheres que passam pelo mesmo que já enfrentei um dia. Meu chamado é cuidar de mulheres, ensiná-las, exortá-las e encorajá-las por meio da palavra de Deus. Escrevi este livro porque sonho com um exército de mulheres Plenas em Deus, livres das amarras de seus sofrimentos e vazios. Mulheres que despertarão o pleno potencial que Deus as criou para ser, e serão instrumentos vivos de Deus nessa geração. Eu posso te garantir que viveria tudo de novo se fosse para estar exatamente no lugar que Deus me colocou agora. Em Deus vale a pena suportar todo e qualquer desafio para enfim desfrutar a vida Plena e abundante que há Nele!

Chegou a sua vez de assim como José ressignificar todos os eventos dolorosos que você enfrentou e reescrever a sua história com outro olhar, uma nova interpretação dos fatos. Todos os abusos, abandonos, humilhações, traições e injustiças que você sofreu, apesar de não terem sido arquitetados por Deus, foram experiências que te tornaram apta a viver o propósito para o qual você foi criada. Então, releia Gênesis 45 e reflita sobre o seu processo. Escreva nas próximas linhas como você contará essas histórias daqui para frente. Como você se lembrará desses fatos de hoje em diante. Sem dor, sem sofrimento. Você escolhe transformar maldição em benção, morte em vida, choro em riso. Escolha a superação, escolha a transformação! Seja grata até mesmo pelos dias difíceis e momentos de tribulação. A gratidão é cura para sua alma! A gratidão é bálsamo sobre uma ferida. Se está no processo é porque Deus te escolheu e te concedeu uma grande responsabilidade, assim como José.

Ressignifique agora a sua história em uma sentença poderosa:

Separe um tempo para anotar todos os motivos que você tem para agradecer a Deus. Todas as bênçãos, os livramentos, curas e milagres que já recebeu em sua vida. Recorte em tiras cada evento e coloque em um pote ou jarra separado para ser o seu pote de milagres ou pote da gratidão. Sempre que se sentir abatida, oprimida, com sua fé estremecida e abalada, abra esse pote e leia essas recordações. Sua fé será fortalecida, ativada, e seu coração voltará ao compasso da gratidão e da fé!

Não esqueça de continuar abastecendo seu pote sempre que receber uma nova benção. Caso prefira, pode criar um quadro em sua casa no lugar do recipiente fechado e deixe à vista em alguma parede. Suas visitas serão edificadas ao lerem os relatos ali escritos.

> **Declare em voz alta:**
>
> Não é o que me acontece, mas o que eu faço com o que me acontece!

CAPÍTULO 7:
NAS MÃOS DO OLEIRO

Esta é a palavra que veio a Jeremias da parte do Senhor: Vá à casa do oleiro, e ali você ouvirá a minha mensagem. Então fui à casa do oleiro, e o vi trabalhando com a roda. Mas o vaso de barro que ele estava formando estragou-se em suas mãos; e ele o refez, moldando outro vaso de acordo com a sua vontade.

(Jeremias 18:1-4)

Existe um conto muito interessante sobre um homem e uma mulher que celebraram seus 25 anos de casamento. Um dia, quando eles faziam uma excursão por cidades pequenas e pitorescas, acabaram entrando em uma distinta loja de antiguidades. Sendo uma colecionadora de xícaras de chá, a mulher rapidamente avistou, no alto de uma prateleira, a mais maravilhosa xícara de chá que ela já havia visto. Seu marido querendo dar-lhe um presente para comemorarem seus anos de casados comprou aquela linda xícara. Quando a esposa delicadamente tirou a xícara da caixa para admirá-la de perto, a xícara começou a falar: "Eu não fui sempre tão bonita. Vou contar a minha estória".

"Sabe, eu fui uma vez uma massa informe, comum, de barro cinzento, sem nenhuma diferença de todas as outras massas de barro. Um dia fui arrancada da terra, colocada numa caixa e enviada além-mar. Achei-me depois numa oficina de um oleiro. Fiquei jogada num canto no chão por um longo tempo. Um dia, o oleiro, com suas mãos fortes, tirou-me do chão e começou a amassar-me. Foi muito doloroso.

Eu gritei: 'Pare! O que você está fazendo comigo? Pare! Pare'. Mas o oleiro replicou: 'Não, ainda não'. Quando eu pensava que minha prova havia terminado, o oleiro colocou-me firmemente em uma superfície áspera. Logo, a superfície começou a girar. Eu comecei a dar voltas e voltas e fiquei tão tonta que já não podia enxergar. E fiquei enjoada, sentindo náuseas.

'Pare', eu gritei, 'por favor, pare! Não posso suportar isto! Suas mãos estão me apertando enquanto eu giro. Por favor, estou lhe rogando, pare'. Mas o oleiro delicadamente respondeu: 'Não, ainda não'.

Finalmente o giro cessou e eu me senti muito agradecida. Até que enfim, pensei, vou voltar à prateleira onde estarei a salvo. Muito curto foi o meu alívio. O oleiro pegou-me mais uma vez e colocou-me em uma superfície aquecida e áspera, fechou a porta e deixou-me ali no escuro. Logo aquele local começou a aquecer-se, cada vez mais, até tornar-se insuportavelmente quente.

'Tire-me daqui', eu gritava ao oleiro, 'eu não posso suportar o calor, está acabando comigo! Por que está me torturando assim? Suplico-lhe, tire-me daqui'. Mas o oleiro respondeu-me tranquilamente: 'Não, ainda não'.

Logo a porta abriu-se e eu senti o alívio de uma brisa fria entrando. Puxa! Pelo menos isso terminou, suspirei baixinho. Mas logo senti a mão do oleiro em mim de novo.

Desta vez, sua mão segurava um pequeno objeto que, uma vez mergulhado em um líquido escuro e de forte cheiro, derramou sobre mim. Tossindo e ofegando eu gritei: 'Por favor, pare com isso! Não posso suportar isso caindo em mim. Eu não posso respirar, suplico-lhe, por favor, pare!' Mas o oleiro respondeu-me: 'Não, ainda não'. Finalmente, quando o ar ficou puro, fui colocada na prateleira, assombrada pela prova pela qual havia passado e sentindo-me agradecida por haver terminado.

Ainda imersa em pensamentos, ouvi os passos do oleiro e então senti suas mãos levantando-me da prateleira e levando-me delicadamente para... 'Oh! Não, o forno de novo, não! Oh! Não!' Clamei. 'Por favor, por favor, não me ponha aqui de novo! Eu realmente não posso suportar isso. Por que você está me torturando assim? Por quê? Por quê?'

O oleiro não deu nenhuma resposta enquanto fechava a porta do forno e o calor começava a aumentar. Dessa vez o forno foi aquecido mais do que da última vez. Eu me senti consciente de que corria perigo, mas logo o calor começou a dissipar-se e então, mais uma vez, eu senti o alívio de uma brisa fresca quando a porta do forno foi aberta e com luvas em suas mãos o oleiro tirou-me para fora.

Fui deixada sobre a prateleira por um longo tempo, até que um dia o oleiro pegou-me e trouxe-me perto de um espelho.

Quando me ergueu, ele perguntou-me o que estava vendo. Eu estava atônita, pois lá no espelho estava a mais bonita xícara de chá que eu jamais havia visto em minha vida. Ela fora tão delicada e perfeitamente trabalhada.

Fiquei sem ar por um momento. Nunca, jamais eu poderia imaginar algo tão belo diante de meus olhos e como a habilidade do oleiro pudera criar um tesouro tão delicado. Eu ia falar sobre isso quando o oleiro disse: 'É você'. Eu não podia acreditar no que meus ouvidos ouviam. 'Não', respondi 'isso não sou eu. Eu sou uma massa informe de barro. Eu sei quem sou. Que crueldade a sua fazendo-me pensar que eu poderia ser algo assim tão belo!'.

'Eu não estou enganando você', o oleiro respondeu-me delicadamente. 'Isso aí é você!'

Atordoada, eu olhei para mim mesma duvidando. Eu sempre pensara em mim sendo uma massa de barro. Eu sabia quem eu era e me sentia confortável. Como poderia o Oleiro ter-me transformado em algo tão magnífico? Mas lá estava eu e agora estou aqui com você".

Nos capítulos anteriores vimos que é impossível viver a promessa de João 10:10 com feridas emocionais não tratadas e não resolvidas. Você entendeu e tomou posse da paternidade de Deus, aprendeu que se amar é vital para construir relacionamentos saudáveis, que precisa renovar a sua mente para desconstruir as mentiras de Satanás e crer nas verdades que Deus diz a seu respeito, e sabe agora como se defender contra os dardos e as setas inflamadas do inimigo. Vimos também sobre como uma vida debaixo dos princípios de Deus gera colheita de bênçãos e promessas e a importância de se submeter ao senhorio de Cristo. Falamos sobre o valor do perdão e o quanto ele é crucial para seguirmos em paz e com muita alegria no coração, e por último te revelei as chaves para receber a restituição de Deus sobre tudo o que você perdeu ou foi roubada nos períodos de dor e luta. Agora, quero te entregar algo que vai permitir que você não só sele todos os outros aprendizados, mas que também não volte nunca mais a esse lugar de escuridão: a maturidade espiritual.

Como você leu nesse conto, a xícara nem sempre foi essa peça linda e valiosa. Ela era barro informe. Assim como nós quando o Senhor nos chamou. Tínhamos carrapichos grudados, cordas que nos aprisionavam e muitos espinhos que perfuravam nossos pés. Éramos escravos de hábitos nocivos, uma mente inquieta e muitos outros problemas e dificuldades. Cada uma sabe de onde Deus a tirou. Eu consigo me lembrar, como se fosse hoje, da Carol que eu era antes de Jesus. Uma menina cheia de complexos, reativa, extremamente carente, insuportável quando queria e que sempre se sabotava quando estava diante de uma oportunidade de crescimento ou de uma vida melhor. Uma mulher fútil, vazia, apegada a bens materiais, que achava que era a mulher superincrível, mas que quando colocava a cabeça no travesseiro tinha medo do futuro, sentia-se a mais só das criaturas e chorava como um bebê. Eu já era cristã por algum tempo, mas nunca tinha ouvido falar sobre maturidade espiritual... Eu nem sequer sabia que existiam dois tipos de cristãos. Os bebês e os cristãos maduros. E eu preciso te dizer que você só experimentará a

Plenitude de Deus em sua vida terrena quando atingir a maturidade espiritual! Essa é a sétima e última chave deste livro.

> "De fato, embora a esta altura já devessem ser mestres, vocês precisam de alguém que lhes ensine novamente os princípios elementares da palavra de Deus. Estão precisando de leite, e não de alimento sólido! Quem se alimenta de leite ainda é criança, e não tem experiência no ensino da justiça. Mas o alimento sólido é para os adultos, os quais, pelo exercício constante, tornaram-se aptos para discernir tanto o bem quanto o mal."

(Hebreus 5:12-14)

Eu levei anos até o amadurecimento, pois apesar de frequentar igreja, minha vida de segunda a sábado não tinha nada a ver com SER igreja. Eu não orava, não lia a Bíblia, não era discipulada e não jejuava. Ou seja, não tinha nenhuma prática de disciplina espiritual necessária para o amadurecimento de todo cristão. Fui aquela crente "esquenta banco" por muito tempo e não entendia que viver o chamado e cumprir o IDE não tinha nada a ver com microfone, púlpito ou ser nomeada para um cargo eclesiástico. Um grande vilão no meu processo de amadurecimento também foi a inconstância. Ora no mundo, ora aos pés do Senhor. Isso retardava os planos e sonhos que Deus tinha para a minha vida.

Olhe para o mundo à sua volta... Existem pessoas sofrendo terrivelmente, pessoas confusas, perdidas, depressivas, enlouquecendo... saiba que você é a resposta que essas pessoas buscam! Você é importante para a causa de Cristo no tempo de hoje! Existem pessoas que só você pode alcançar por causa do seu testemunho, por causa do seu jeito e personalidade e do seu propósito em Deus. Deus quer fazer algo por meio de você e não só por você! Já pensou nisso? Enquanto somos bebês cristãos só conseguimos pensar em nós mesmos. Nossos problemas, nossos pedidos, nossas circunstâncias. Mas Deus te chamou! Amadurecer espiritualmente é o que te capacita a arrumar "a sua casa" primeiro para depois conseguir cumprir o IDE e viver o propósito para o qual você foi criada. Faça a transição de: "Deus, eu quero isso", "Deus, eu preciso disso", "Deus, me dê isso" ou "faça aquilo" para: "Deus, o que eu posso fazer para o Senhor?", "Deus, para o que quer usar-me?". Você deve se lembrar da parábola do filho pródigo. Ele saiu dizendo ao Pai: "Dá-me."

Mas depois de uma viagem pelo chiqueiro dos porcos ele volta e diz ao seu Pai: "Faça de mim..."

Se o que você quiser for o que Deus quer também para a sua vida, vai acabar tendo. Em vez de correr atrás da benção, as bênçãos irão atrás de você!

Para resumir e ficar ainda mais claro, um cristão maduro sempre terá esses sinais que o acompanham:

- Obediência aos princípios (mandamentos e ordenanças);
- Sabedoria;
- Constância na caminhada e fé cristã;
- Autocontrole ou domínio próprio;
- Transbordo sobre o próximo;
- Fala disciplinada;
- Generosidade extravagante;
- Humildade;
- Coração perdoador;
- Tardio em se ofender.

Jesus veio para nos mostrar o Pai e nós somos embaixadores de Cristo na Terra. Isso significa que somos representantes D'Ele! Consegue imaginar a responsabilidade que temos? Jesus nos chamou para sermos discípulos e fazer outros discípulos depois. Discípulo significa ser semelhante ao seu mestre e professor. Um bebê cristão nunca será um discípulo verdadeiro tampouco terá capacidade de formar outros semelhantes a Cristo. Viver na imaturidade nunca te levará a viver a promessa de João 10:10, que é o tema central deste livro. Quanto tempo mais você quer perder dando voltas e voltas sem chegar a lugar algum, sem romper, sem brilhar a luz do legado que você precisa deixar? Muitos dos sofrimentos que você pode estar enfrentando podem ter ligação com o processo de amadurecimento e lapidação necessário para te tornar apta à Grande Comissão. Lembra-se do conto da xícara e do exemplo do vaso de barro nas mãos do oleiro que Jeremias viu se desfazer para depois ser refeito? Sinta-se privilegiada por ter sido chamada, mas é a sua resposta que te fará ser ESCOLHIDA.

> "Pois muitos são chamados, mas poucos são escolhidos."

(Mateus 22:14)

Então, de hoje em diante, em vez de você orar: "Deus, mude isso, mude essa pessoa, mude aquilo", comece a orar: "Deus, muda-me!"

Porque Jesus te chama como você está, mas te ama o suficiente para não permitir que você permaneça do mesmo jeito. Para que Jesus te amadureça, vai ser preciso te desconstruir como o vaso que Jeremias viu e reconstruir um ainda mais belo e útil para Ele. Ele vai arrancar os espinhos e carrapichos e vai desatar os nós que te impediam de avançar no propósito D'Ele. Não se assuste se doer. Dói matar a nossa carne, dói renunciar a nossas paixões, desejos e vontades. Dói tomar a nossa cruz para seguir Jesus. Mas depois, você se olhará no espelho e verá uma mulher completamente refeita. Uma mulher que brilhará tanto que nem se reconhecerá.

Eu confesso que quando me lembro da Carol que bebia até cair, que fumava, que dançava sensualmente, que se entregava em relacionamentos com pessoas que não eram meu marido, que era barraqueira, fofoqueira etc., parece que não estou falando de mim mesma. Como se tudo isso tivesse acontecido em outra vida. Eu mudei e tenho mudado tanto nos anos de caminhada com o Senhor que nem me reconheço mais naquela velha Carol. Glória a Deus que me permitiu ser esmagada e prensada para extrair o melhor de mim. O trigo quando é esmagado serve de alimento, a azeitona quando prensada extraímos o azeite, e a uva quando pisada produz o vinho, que representa a alegria na Bíblia. Já o joio se esmagado produz um veneno que é tóxico. Quem você é quando esmagada, prensada e pisada? Ele colocou as digitais D'Ele em mim e eu não sei mais viver de outro modo. Eu achava que festas, baladas, bebidas e paixões eram a felicidade que eu tanto buscava. Mas descobri que tudo não passava de uma ilusão. Eu sou feliz de verdade hoje, porque sei que Jesus me ama, me preenche, me sustenta, me protege e está sempre cuidando do meu amanhã. Eu tenho paz porque só Jesus pode dar a paz verdadeira, que o mundo jamais experimentará sem Ele! Não se engane, isso não acontecerá da noite para o dia. O processo de santificação e amadurecimento leva anos e só finaliza no dia da sua partida ou até que Jesus volte. Mas então como medir o seu progresso? A cada ano, faça uma reflexão sobre quem você era, sobre como você agia, sobre o quanto aprendeu da palavra e veja se evoluiu. Jamais se compare com alguém. A cada ano você só precisa estar melhor do que no ano que se passou e assim sucessivamente.

> "E ele designou alguns para apóstolos, outros para profetas, outros para evangelistas, e outros para pastores e mestres, com o fim de preparar os santos para a obra do ministério, para que o corpo de Cristo seja edificado, até que todos alcancemos a unidade da fé e do conhecimento do Filho de Deus, e cheguemos à maturidade, atingindo a medida da plenitude de Cristo. O propósito é que não sejamos mais como crianças, levados de um lado para outro pelas ondas, nem jogados para cá e para lá por todo vento de doutrina e pela astúcia e esperteza de homens que induzem ao erro. Antes, seguindo a verdade em amor, cresçamos em tudo naquele que é a cabeça, Cristo. Dele todo o corpo, ajustado e unido pelo auxílio de todas as juntas, cresce e edifica-se a si mesmo em amor, na medida em que cada parte realiza a sua função."

(Efésios 4:11-16)

Paulo escreveu aos éfesos sobre os chamados ministeriais que Deus designa para os trabalhadores do Reino. Esses ministérios são fundamentais para ajudar os cristãos a viverem a plena unidade e o amadurecimento necessário. Um bebê cristão pode ser comparado facilmente a um bebê terreno porque:

1. Não sabe caminhar ainda sozinho.

É mais fácil cortar uma planta quando ela ainda não tem raízes profundas e Satanás sabe disso. Por isso se um cristão recém-convertido caminhar sozinho ele pode se desviar e se perder.

2. Não consegue se alimentar sozinho.

É muito difícil que alguém que acabou de aceitar Jesus consiga ler e entender as escrituras. Pessoas novas na fé precisam da ajuda de irmãos maduros para conseguirem o alimento espiritual necessário para nutrir suas vidas. Essas pessoas vão ensiná-las a orar e a compreender a Bíblia segundo a revelação do Espírito Santo.

3. Não tem controle sobre suas emoções e ações.

Dificilmente um bebê cristão consegue ter de imediato o autocontrole necessário para resistir às tentações. Um bebê chora, esperneia e fica bravo por não saber como lidar com as frustrações. Já o bebê cristão não sabe ainda controlar o turbilhão de sentimentos conflitantes na luta da carne contra seu espírito no início da caminhada.

Por tudo isso, é de suma importância que você busque a maturidade espiritual se permitindo ser discipulada, tratada, corrigida e ensinada por um cristão maduro e de confiança. Não caminhe sozinha. Mesmo que uma pessoa tenha anos de igreja ou conversão, isso não significa que ela tenha alcançado a maturidade espiritual. Pelo contrário, o que mais falta nas igrejas hoje são líderes maduros e curados para discipular outros de maneira correta. Jesus disse que tem muito trabalho a ser feito, mas poucos trabalhadores, e pediu que orássemos sobre isso.

E lhes disse: "A colheita é grande, mas os trabalhadores são poucos. Portanto, peçam ao Senhor da colheita que mande trabalhadores para a sua colheita." (Lucas 10:2).

Espero que daqui a alguns anos você possa reler este livro e ver o quanto mudou, o quanto o Senhor a transformou! Espero que quando chegar esse dia você não só tenha se tornado uma discípula fiel como também tenha se disposto a ser uma discipuladora. Quanto mais servimos ao Reino e às pessoas, mais nossa vida tem sentido e mais completas nos sentiremos. A preocupação de milhões de cristãos hoje é descobrir o seu propósito de vida. Eu entendo de verdade essa inquietação, pois passei anos perguntando a Deus qual era o meu. E um dia o Espírito Santo me disse quase que como um sopro: o seu propósito é servir pessoas! Você nasceu para muito mais do que só crescer, trabalhar, pagar contas, se casar e ter filhos. Você nasceu para cumprir uma missão nesta Terra, para servir pessoas e para refletir a glória do seu criador. Tudo que está na bagagem da sua vida te capacitará e te dará autoridade para cumprir o IDE de maneira específica na sua geração, mas só Deus sabe o tempo e a hora de te revelar isso. Não foram Moisés, José, Davi, Débora ou Gideão que descobriram o seu propósito. Deus revelou e chamou cada um deles no tempo certo. Não precisa ficar ansiosa para isso porque primeiro Deus faz em nós uma grande revolução para depois poder fazer por meio de nós. Se você chegou até aqui provavelmente está no tempo ainda de ser cuidada por Deus, de ser carregada no colo por Ele. Não se preocupe, vai chegar o tempo que você poderá transbordar tudo o que Ele fez na sua vida para outras pessoas que serão edificadas com seu testemunho. Profetizo que você será uma improvável que servirá como farol nesse tempo! Ninguém que te conheceu antes te reconhecerá depois, tamanha será a Glória de Deus resplandecendo no seu rosto. Espero em uma futura obra mergulhar mais fundo a respeito de propósito, chamado e vocação para que você seja plena em todas as áreas da sua vida, e isso inclui a profissional e ministerial, mas por enquanto descanse e creia que Ele sabe o tempo e a hora certos de te chamar e de te apontar o caminho. Nas mãos de Deus existe um lápis desenhando toda a nossa história como um lindo projeto construído por um excelente arquiteto. Mas é bem verdade também que nas nossas mãos muitas vezes temos uma borracha que é capaz de apagar esse desenho. A borracha da ansiedade, da incredulidade, da carência, da imaturidade e tantas outras que nos fazem desviar da rota criada por Deus, e sempre que isso acontece gastamos mais combustível (energia) e tempo procurando os retornos para o caminho correto. Lembre-se: para quem não sabe para onde está indo, qualquer caminho serve... tenha um olhar adiante, uma visão poderosa para o seu futuro. Sonhe, sonhe alto, mas também planeje e execute, pois a nossa parte Deus não vai fazer! Vença a procrastinação, vença a preguiça, a apatia e o desânimo, e lute pela sua real felicidade!

> "E todos nós, que com a face descoberta contemplamos a glória do Senhor, segundo a sua imagem estamos sendo transformados com glória cada vez maior, a qual vem do Senhor, que é o Espírito." (2 Coríntios 3:18)

Chegou a hora de rever seus conceitos sobre si mesma e se despir de toda e qualquer armadura ou síndrome de Gabriela. Você pode até ser de um jeito hoje, mas não precisa morrer da mesma maneira. Seja firme e constante nas disciplinas espirituais porque nada deste livro vai adiantar se você não mantiver com a oração e leitura da palavra diárias, jejuns sempre que possível, ir à igreja e se reunir com o corpo de Cristo, pois a brasa longe do braseiro se apaga. Seja humilde em reconhecer suas falhas e avalie de 0 a 10 o seu nível de maturidade espiritual de acordo com os critérios bíblicos, e nãos os seus. Ore e peça a Deus que te mostre tudo aquilo que você faz e que entristece o coração Dele. Se você for uma mulher corajosa de verdade perguntará aos seus pastores e líderes o que pensam sobre você como cristã e serva do Senhor. Também sugiro que, se possível, peça a opinião de uma amiga piedosa e madura (caso tenha uma) e de seu cônjuge (caso seja casada) e liste aqui todos os pontos que eles sinalizaram sobre seu comportamento e atitudes que podem ser trabalhados nos próximos anos. O pior cego é aquele que não quer enxergar. Traga luz à sua vida e comece uma verdadeira revolução do seu EU! Não se preocupe, o Espírito Santo vai te capacitar e te ajudar em todo o tempo.

O poder D'Ele se aperfeiçoa na sua fraqueza!

Declaração:

Eu sou uma obra em construção. Deus é o arquiteto da minha vida e eu vou viver todos os sonhos e planos que ele desenhou para mim!

CONCLUSÃO:
PLENA PARA SEMPRE

Oro para que, com as suas gloriosas riquezas, ele os fortaleça no íntimo do seu ser com poder, por meio do seu Espírito, para que Cristo habite em seus corações mediante a fé; e oro para que vocês, arraigados e alicerçados em amor, possam, juntamente com todos os santos, compreender a largura, o comprimento, a altura e a profundidade, e conhecer o amor de Cristo que excede todo conhecimento, para que vocês sejam cheios de toda a plenitude de Deus. Àquele que é capaz de fazer infinitamente mais do que tudo o que pedimos ou pensamos, de acordo com o seu poder que atua em nós, a ele seja a glória na igreja e em Cristo Jesus, por todas as gerações, para todo o sempre! Amém!

(Efésios 3:16-21)

Recordo-me da famosa fábula da borboleta. Ela narra um homem que, ao observar um casulo e perceber que a borboleta que estava dentro dele fazia um esforço enorme para sair por um pequeno buraco, sem sucesso, resolveu ajudá-la, cortando o restante do casulo. Assim, a borboleta saiu facilmente, mas seu corpo estava murcho e as suas asas amassadas. O homem ficou esperando, com entusiasmo, o momento de vê-la voar, mas isso nunca aconteceu, pois suas asas ainda não estavam prontas. É que o esforço da borboleta, para conseguir sair do casulo, era necessário para que o fluído do seu corpo fosse para suas asas, fortalecendo-as o bastante para que, quando saísse do casulo, pudesse voar. Sem esse processo, que "dependia somente dela", voar foi impossível. Podemos tirar inúmeras lições desse conto, uma delas é que o esforço que fazemos em meio a tantos acontecimentos que marcam nossa história também é necessário para fortalecer nossas asas. Se vivêssemos sem passar por obstáculos, provavelmente jamais "conseguiríamos voar". Outra lição é que não adianta orar pedindo um milagre (ajuda imediata) quando Deus quer te manter no processo. O casulo de Moisés foi o deserto de Midiã. O casulo de Davi foram os nove anos de perseguição de Saul. O casulo de José foi a traição dos irmãos, a casa de Potifar e os anos na prisão. Todos que suportaram o processo para viverem os planos de Deus para suas vidas tiveram êxito em sua missão, mas aqueles que não foram submetidos a um falharam drasticamente, como Sansão e Saul. Se Deus te submeter a um longo período de espera e de testes, agradeça! Ele está te preparando para não só receber o melhor Dele para sua vida, mas também para saber como manter a benção depois.

Para deixar de ser lagarta, ou seja, viver a vida se arrastando, viver na mediocridade, suportar o casulo, que é um lugar apertado e solitário, e voar como lindas borboletas que nos tornamos depois de todo esse processo, precisamos construir nossa própria história, vivendo todas as etapas sem fugas, sem espernear e sem culpar Deus como se tivéssemos sido abandonadas e esquecidas por Ele. Imagino que a lagarta nunca teve a certeza de que seria capaz de voar, mas, mesmo assim, construiu seu casulo e passou por ele com dignidade. De uma coisa tenho certeza, Deus a criou para voar alto com beleza e leveza, trazendo um colorido especial para o mundo que está à sua volta e passa com você por todas as etapas de sua vida, apenas lhe pedindo para não parar em nenhuma delas, pois assim a obra ficaria incompleta. Portanto, vá além da sua dor e do medo de passar até mesmo pelas perdas necessárias, para chegar aonde Deus quer levá-la.

> Imagino que se você é cristã já ouviu falar na mulher
> de Provérbios 31: a mulher virtuosa!

"Mulher virtuosa quem a achará? O seu valor muito excede ao de rubis. Seu marido tem plena confiança nela e nunca lhe falta coisa alguma. Ela só lhe faz o bem, e nunca o mal, todos os dias da sua vida. Escolhe a lã e o linho e com prazer trabalha com as mãos. Como os navios mercantes, ela traz de longe as suas provisões. Antes de clarear o dia ela se levanta, prepara comida para todos os de casa, e dá tarefas as suas servas.

> Ela avalia um campo e o compra; com o que ganha planta uma vinha. Entrega-se com vontade ao seu trabalho; seus braços são fortes e vigorosos. Administra bem o seu comércio lucrativo, e a sua lâmpada fica acesa durante a noite. Nas mãos segura o fuso e com os dedos pega a roca. Acolhe os necessitados e estende as mãos aos pobres. Não receia a neve por seus familiares, pois todos eles vestem agasalhos. Faz cobertas para a sua cama; veste-se de linho fino e de púrpura. Seu marido é respeitado na porta da cidade, onde toma assento entre as autoridades da sua terra. Ela faz vestes de linho e as vende, e fornece cintos aos comerciantes. Reveste-se de força e dignidade; sorri diante do futuro. Fala com sabedoria e ensina com amor. Cuida dos negócios de sua casa e não dá lugar à preguiça. Seus filhos se levantam e a elogiam; seu marido também a elogia, dizendo: "Muitas mulheres são exemplares, mas você a todas supera". A beleza é enganosa, e a formosura é passageira; mas a mulher que teme ao Senhor será elogiada. Que ela receba a recompensa merecida, e as suas obras sejam elogiadas à porta da cidade."
> (Provérbios 31:10-31)

Quem nunca desejou ser ou ter a vida dessa mulher? Ela é demonstrada na Bíblia como um exemplo, uma referência para todas as mulheres. Quando lemos ou aprendemos sobre essa mulher podemos nos sentir muito distante dessa realidade. Isso acontece porque ela parece refletir a imagem de uma mulher perfeita, mas que na verdade só pelo fato de ela ser uma mulher já nos prova que ela é de carne e osso, gente como a gente. Logo, é passível a erros e possui fragilidades e problemas como qualquer ser humano. Mas, então, por que ela parece ser tão inatingível? Uma mulher segundo a Bíblia, mais valiosa que os rubis, uma mulher trabalhadora, forte, decidida. Uma boa mãe. Uma boa esposa. Uma mulher sábia, sensível à dor do outro, filantropa, altruísta. Que se cuida, se valoriza, se acolhe, é amada e honrada. Uma mulher de fé e de valores inegociáveis. A definição mais fiel e real do que significa uma mulher Plena! E a única diferença entre vocês duas é que ela venceu o processo.

Observe no capítulo de provérbios 31 que a mulher virtuosa não estava bem só espiritualmente, mas também nas suas emoções e com seu corpo físico para conseguir realizar tantas coisas. Muito importante frisar que somos corpo, alma e espírito e não podemos espiritualizar tudo. Você é um sistema e se seu corpo físico perece com enfermidades, morbidades e outras mazelas isso afetará os seus resultados como um todo. Pense se uma pessoa que está comendo mal, dormindo mal, sofrendo de enxaquecas, vai conseguir manter uma disciplina espiritual. Com certeza, não! Do mesmo modo que se suas emoções estão muito confusas e você detectou muitas feridas e consequências disso em sua vida com a leitura deste livro, quero te incentivar a buscar ajuda! A religião demonizou durante muito tempo a terapia ou qualquer tipo de tratamento psicológico, mas eu quero te falar que até o profeta Elias teve depressão. Um homem que matou sozinho 450 profetas de Baal, que ordenou que não caísse chuva sobre a terra e não choveu por três anos e do mesmo modo orou para que voltasse a chover e assim aconteceu, que realizou tantos milagres e que não experimentou a morte, pois foi transladado aos céus, mas que em um determinado momento desejou e pediu a morte! Deus não o curou com oração. Deus não chamou pessoas para irem até ele e impor suas mãos para que fosse curado e liberto da depressão. Deus cuidou do corpo físico de Elias e das suas emoções o alimentando, permitindo que ele descansasse o suficiente para recuperar suas forças e depois de uma boa conversa trouxe ânimo para Elias e o fez voltar a ter esperança em seu futuro quando revelou que ele não estava sozinho e que destruiria Acabe e Jezabel. Veja que lição extraordinária o nosso Deus nos dá a respeito do cuidado para com as pessoas acometidas por uma forte depressão em 1 Reis 19. Claro que eu acredito na opressão espiritual e sei que o diabo é oportunista, podendo aproveitar um momento de fragilidade ou tristeza e colocar ainda mais dor e perturbação até que a pessoa desista da própria vida. Mas não posso deixar de falar que tão importante quanto orar, ler a palavra, jejuar e congregar é se lembrar de cuidar do corpo físico que é templo do Espírito Santo e da sua alma, ou seja, dos seus sentimentos e emoções.

Não tenha pressa, não se compare, caminhe um dia de cada vez ao lado do Senhor. Sei que pode parecer muita coisa para aplicar, mas é por isso mesmo que o título deste livro é *Jornada rumo à plenitude*. Porque é uma jornada de fato. Uma travessia que deve ser curtida e apreciada durante todo o caminho e processo. Você deve desfrutar de sua vida em cada mínima vitória ou avanço, e não esperar tudo ficar resolvido para se permitir ser feliz. Sua vida é hoje, é agora! Não desperdice nenhum dia sequer, mas viva plenamente cada um deles na certeza de que cada dia é um presente, é uma dádiva de Deus para nós. Pense em quantas pessoas não abriram seus olhos no dia de hoje. Para elas acabou a chance de fazer diferente, de fazer melhor. Mas para você não! Enquanto houver vida, há chance de recomeço. Recomece. Quantas vezes for preciso, levante-se e tente outra vez. Deus vai te ajudar à medida que for estreitando seu relacionamento com ele e aprendendo a discernir a Sua voz te guiando e te ensinando. Busque incessantemente a sabedoria por meio da oração, da Bíblia, de livros e mentores ou líderes espirituais. Peça a Deus que te apresente suas verdadeiras servas e amigas de Jesus.

Espero que com esta obra você tenha tido clareza de tudo que te impedia de ser de fato uma mulher Plena em Deus! Uma mulher que vive o propósito para o qual foi criada. Uma mulher que sabe quem é de verdade, sabe o seu valor e não vai mais abrir mão de nenhuma promessa que Deus tem para sua vida. Espero que você se entregue ao senhorio de Cristo e o obedeça a tudo, para muito em breve desfrutar de uma colheita muito melhor a partir de uma nova semeadura. Oro para que o Espírito Santo te conduza à maturidade espiritual, por meio do tempo de oração, jejum, leitura da palavra e discipulado. Espero te ver frutificando e servindo o Reino do seu Pai e a sua grande família em Cristo, livre de toda amarra, mágoa e angústia que o inimigo tenha tentado contra você para te paralisar, para te fazer desistir. Por isso, não abandone e não desista do seu processo. Vença a si mesma! Há um mundo de possibilidades novas, uma vida nova, depois dessa jornada.

A *Jornada rumo à plenitude*!

REFERÊNCIAS

STORMIE, O. *Bíblia Sagrada versão NVI*. São Paulo: Mundo Cristão, 2013.